Gabriele Haas

Rita Strackbein

DIE KUNST
KRISEN
ZU MEISTERN

Impressum

Bibliografische Information der Deutschen Nationalbibliothek:
Die Deutsche Nationalbibliothek verzeichnet diese Publikation in der
Deutschen Nationalbibliografie; detaillierte bibliografische Daten sind
im Internet über http://dnb.dnb.de abrufbar.

© 2020 Gabriele Haas, Rita Strackbein

Lektorat: Gabriele Haas, Rita Strackbein
weitere Mitwirkende: Dirk Strackbein

Herstellung und Verlag: BoD – Books on Demand, Norderstedt

ISBN: 978-3-7504-9688-0

INHALTSVERZEICHNIS

VORWORT

Warum dieses Buch? Bereits vor 10 Jahren haben wir ein Buch über die aktive Gestaltung von Veränderungsprozessen geschrieben. Wir sind erstaunt, wie viele Parallelen wir zur aktuellen Corona-Krise finden konnten.

Unsere Welt ist unglaublich schnelllebig geworden. Krisen und Veränderungen sind Teil unseres Lebens. Es stellt sich die Frage: Kann es eine Kunst geben, Krisen zu gestalten?

Der Beweglichkeit kommt in Krisenzeiten eine ganz besondere Bedeutung zu. Nur wer sich bewegt – körperlich und geistig – ist in der Lage, Krisen kunstvoll zu gestalten. Wer sich nicht bewegt, wird „gestaltet". Ob er will oder nicht!

Gerne möchten wir Ihnen als Leser die Basis bieten, durch eine Standortanalyse und eigene Reflexion einen Überblick über Ihre derzeitige Lebenssituation in dieser Krisenzeit zu erhalten. Checklisten und Arbeitsblätter, die Ihnen auf unserer Homepage (www.kunst-krisen-meistern.com) zum Download zur Verfügung stehen, sollen Ihnen dabei helfen, aktiv und „kunstvoll" Ihre Zukunft zu gestalten und die Krise zu meistern.

Wir können Ihre Themen der Krisenbewältigung nicht lösen. Das können nur Sie selbst! Manchmal hilft nur eine andere Sichtweise, ein anderer Blickwinkel oder eine nur marginal geänderte Perspektive. Vielleicht trägt dieses Buch dazu bei, ihre eigene Situation zu überdenken und Ihren individuellen

Weg durch diese Corona-Krise zu finden. Wir wünschen Ihnen dabei alles Gute!

Wir möchten uns ganz besonders bedanken bei Dirk Strackbein. Mit ihm zusammen haben wir unsere ersten beiden Bücher konstruktiv entwickelt und geschrieben. Auf dieser Basis ist das Buch „Die Kunst Krisen zu meistern" entstanden.

Wir bedanken uns bei allen Kunden und Auftraggebern, die uns ermöglicht haben, Krisenphasen und Veränderungsprozesse mit ihnen zu begleiten und dabei immer wieder zu lernen.

September 2020
Gabriele Haas
Rita Strackbein

1 WIE KRISEN UNSER LEBEN BEEINFLUSSEN KÖNNEN?

Was bedeutet Krise in der heutigen Zeit für uns? Wir leben und arbeiten in einem gut funktionierenden Wirtschaftssystem, geprägt von immer mehr Wachstum und Konsum. Unser Leben ist scheinbar planbar, gut strukturiert, berechenbar und unser Wunsch ist - „so soll es bleiben"!

Aber plötzlich ist alles anders! Am Beispiel der Corona-Krise haben wir das deutlich erlebt. Der Lockdown hat unser Leben nachhaltig verändert und das in allen Lebensbereichen. Wir haben im Homeoffice gearbeitet, zum Teil verbunden mit Homeschooling und Kleinkinderbetreuung, Einkaufen mit langen Schlangen und leeren Regalen, Toilettenpapier war auf einmal Mangelware, das Tragen von Schutzmasken, keine Besuche von Freunden, Bekannten und Familie, Urlaube mussten wir stornieren und vieles mehr. In den Medien gab es nur noch wenige andere Themen. Covid 19 war das beherrschende Thema mit sich widersprechenden Aussagen der verschiedensten Experten. Es gibt ein Leben vor und nach Corona!

Corona war nicht die erste und letzte Krise in unserem Leben. Es war und ist aber eine besondere Krise, weil sie alle Bereiche der Gesellschaft und des Lebens betroffen hat. Man kann hier von einer „Tiefenkrise" sprechen, weil sie alle Ebenen unserer Existenz betrifft. Der Zukunftsforscher Matthias Horx[1] hat in seinem Buch „Die Zukunft nach Corona" sehr gut die Tragweite dieser Tiefenkrise beschrieben. „Während die Finanzkrise 2009 eher das Bankensystem und die Finanzströme betraf und die Flüchtlingskrise 2015 eher auf die Politik (und das mediale

System) einwirkte, wirkt eine Tiefenkrise direkt sowohl auf unser individuelles als auch auf unser kollektives Sein. Sie verändert Institutionen, gesellschaftliche Strukturen, Machtverhältnisse, Deutungsmuster. Sie stellt unseren Alltag auf den Kopf und legt darunter verborgene Muster und Spannungen frei. Eine Tiefenkrise verändert auch den „Mindset" – die Art und Weise, wie Menschen Realität und Gesellschaft konstruieren. Sie fordert uns zum Neu-Handeln und Neu-Erfahren (.....) heraus." Die Dimensionen dieser weltweiten Corona-Pandemie betreffen:

- Globale politische und ökonomische Systeme
- Nationale politische Systeme mit demokratischen Grundrechten
- Umwelt und Natur
- Technologische Systeme
- Wirtschaft und Konjunktur
- Mobilität und Arbeitswelt
- Soziales Leben
- Alltagsgestaltung in allen Lebensbereichen

Eine Tiefenkrise kennzeichnet sich somit durch die Vielzahl der Dimensionen und der erlebten emotionalen Intensität der betroffenen Menschen. Die Corona-Krise hat viele von uns mit großer Wucht getroffen und das Leben nachhaltig verändert. Bereits vor Corona gab es Krisen in unserer Gesellschaft und in unserem Leben und es wird sie auch in Zukunft geben.

Sicherlich hat jeder von uns in seinem Leben schon Krisen meistern müssen. Krisen in der

- beruflichen Welt (Umstrukturierungen, Insolvenz des Unternehmens, Kurzarbeit, Jobverlust etc.),
- privaten Welt (Ehescheidungen, Verlust von lieben Menschen, lebensbedrohliche Krankheiten, Unfälle mit schlimmen Folgen etc.),
- persönlichen Welt (Lebenskrisen, Sinnkrise, Stress, Ängste, Krankheit, Verlust des inneren Gleichgewichts etc.).

1.1. Wann ist eine Krise eine Krise?

Zuerst wollen wir uns mit der Frage beschäftigen, wann eine Krise wirklich als Krise erlebt wird. Es gibt viele Veröffentlichungen zu diesem Thema. Eine Definition einer Krise von Caplan und Felix[2] liest sich im ersten Moment etwas kompliziert, wir finden sie trotzdem sehr passend: Krise ist eine „ (….) relativ kurze Periode psychischen Ungleichgewichts in einer Person, die sich bedrohlichen Umständen gegenüber sieht, welche für sie ein bedeutsames Problem bilden, dem sie zum gegebenen Zeitpunkt weder entfliehen noch mit ihren üblichen Problemlösungsmöglichkeiten begegnen kann.“

Beschrieben wird weiter, dass nach dem „Eintritt der Krise eine Phase der Schwankung zwischen Hilflosigkeit und Bewältigungsversuchen sowie Resignation, Hoffnung, Planung,

Verzweiflung, Ambivalenz und die Erkenntnis des Unausweichlichen sowie dessen Verdrängung kommt. Die Krise stellt ein sensibles Stadium dar, in dem wichtige neue Fähigkeiten und Einsichten erworben werden müssen, in dem theoretisch mehrere (Fehl-) Entwicklungen möglich sind."[3]

Einen weiteren Zugang zum Thema Krise gibt Gunther Schmidt[4], der in den unterschiedlichen Typen der Krise eine sehr praxisnahe und nachvollziehbare Darstellung wählt. Er spricht von folgenden Arten von Krisen:

- **Gesellschaftliche Krise:** Konjunktur, Arbeitslosigkeit, politische Systeme, Corona, Brexit, Klimawandel, Energiewende, etc.
- **Organisations-Krise:** Insolvenz, Fusionen, Umsatz- verluste, Liquidität, Umstrukturierung, Abgasskandal, veränderte Märkte, Globalisierung, verschlafene Innovationen, Digitalisierung, etc.
- **Interaktions-Krise:** zwischenmenschliche Konflikte, aneinander vorbei reden und leben, Streitigkeiten, kulturelle und religiöse Unterschiede, unterschiedliche Erwartungen und Werthaltungen, etc.
- **Sinn-Krise:** der Sinn im Leben, der Arbeit, in den Beziehungen geht verloren
- **Verlust-Krise:** Verlust eines geliebten Menschen, einer Beziehung, der Gesundheit, des Zuhause, eines Tieres, der Arbeit etc.
- **Anforderungs-Krise:** Leistungserwartungen in der Arbeit, in der Schule, in der Familie, in Vereinen, „ich muss immer funktionieren", etc.

- **Entwicklungs-Krise:** Pubertät, Übergänge in Lebensphasen, von der Schule in die Ausbildung, von der Ausbildung in den Beruf, vom Beruf ins Rentenalter etc.

1.2. Wie erleben wir eine Krise?

Krisen werden von uns sehr unterschiedlich und individuell erlebt. Eine gleiche Situation kann von uns völlig unterschiedlich wahrgenommen und interpretiert werden. Auch die Krisenverarbeitung und der damit verbundene individuelle Lernprozess ist bei vielen von uns sehr unterschiedlich.

In vielen Beobachtungen und Untersuchungen wurden jedoch bestimmte Verhaltensmuster ermittelt und in sogenannten Phasen-Modellen der Krisenverarbeitung zusammengefasst.

Das Phasenmodell zur Krisenbewältigung von Erika Schuchardt[5] hat uns in besonderer Weise angesprochen. Dieses Krisenmodell fußt auf Untersuchungen von mehr als 2.000 Krisenbiografien, die sie für ihre Arbeit gesammelt und analysiert hat. Basierend darauf hat Erika Schuchardt acht Phasen herausgearbeitet und analysiert:

- Ungewissheit
- Gewissheit
- Aggression
- Verhandlung
- Depression
- Annahme
- Aktivität
- Solidarität

Abb. 1 Phasenmodell der Krisenverarbeitung von Erika Schuchardt

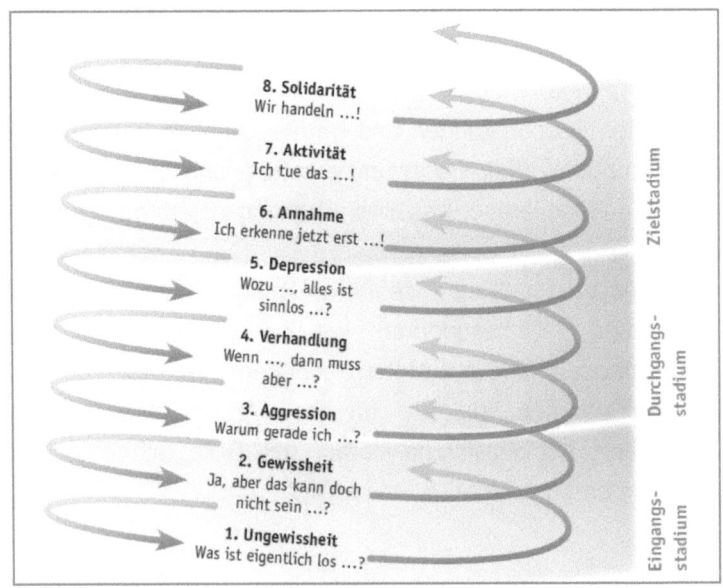

Das Krisenmodell nach Erika Schuchardt:

Phase 1: Ungewissheit – *Was ist eigentlich los....?*
Die Krise erfasst die Betroffenen völlig unvorbereitet. Man versucht die Krise erst einmal nicht zur Kenntnis zu nehmen, um die Psyche zu schützen. Die Betroffenen befinden sich in einem schockähnlichen Zustand.

Phase 2: Gewissheit – *Ja, aber das kann doch nicht sein....?*
Die schlechte Nachricht kommt „im Kopf" der Betroffenen an, aber der Bauch und das Gefühl lehnen diese Erkenntnis noch ab. Kopf sagt ja – Bauch sagt nein und es kommt zu einer emotionalen Ablehnung und widersprüchlichen Verhaltensweisen.

Phase 3: Aggression – *Warum gerade ich....?*
Kommt die Krise auch im „Bauch" an, reagieren viele Betroffene mit Wut, Zorn und Aggression auf die Ursache der Krise. Für diese Emotionen braucht es Raum, um diese ausdrücken zu können.

Phase 4: Verhandlung – *Wenn ..., dann muss aber...?*
Die Betroffenen erkennen die Auswirkungen der Krise in vollem Umfang für das weitere Leben und versuchen, mit allen Mitteln und bekannten Maßnahmen zur Problemlösung das Schicksal „erträglich" zu machen.

Phase 5: Depression – *Wozu ...., alles ist sinnlos....?*
Die Betroffenen erkennen das Unausweichliche der Situation und realisieren, dass sie das Schicksal nicht aktiv beeinflussen können.

Phase 6: Annahme – *Ich erkenne jetzt erst....!*
Jetzt nehmen die Betroffenen das Schicksal mit allen Konsequenzen an und kämpfen nicht mehr gegen die Krise an.

Phase 7: Aktivität – *Ich tue das ....!*
Die Betroffenen können nun ihre ganze Energie darauf richten, die neu entstandene Situation „mitzugestalten" und das Beste daraus zu machen. Man hat die „Opferrolle" verlassen und übernimmt wieder Verantwortung für die eigene Situation und wird aktiv.

Phase 8: Solidarität – *Wir handeln ....!*
Für manche Betroffene ergibt sich nach der Sinn-Frage dieser Krise der Wunsch, andere zu unterstützen und sich mit anderen Betroffenen z.B. in Form von Selbsthilfegruppen zu solidarisieren.

Wir sehen, krisenhafte Zeiten sind Bestandteil unseres Lebens. Wann welche Krisen unser Leben aus dem Gleichgewicht bringen ist nicht vorhersehbar. Oft kommen diese Krisen ohne Vorwarnung und bringen selbst eine scheinbar geordnete Welt aus den Fugen - das hat uns Corona und der Lockdown schmerzhaft gezeigt.

2 IST DIE KRISE WIRKLICH EINE KRISE?

Nun stellt sich für uns die Frage, wie wir mit den unterschiedlichsten Krisen und Veränderungen umgehen können und das Leben wieder in den Griff bekommen. Können wir lernen, diese Krisen zu bewältigen oder sind wir diesen Situationen hilflos ausgeliefert?

 „Wer sein Schicksal für besiegelt hält, ist außer Stande es zu besiegen" Victor E. Frankl

Ist die Krise Gefahr und Chance zugleich? Im Chinesischen bedeutet das Zeichen für Krise zugleich „Chance". So findet man es in vielen Veröffentlichungen. Inhaltlich stimmt es nicht genau – sinngemäß aber durchaus.

Das chinesische Wort für Krise ist „Weiji" und besteht aus zwei Schriftzeichen:
- 危: Wei trägt die Bedeutung „Gefahr"
- 机: bedeutet hier „wichtiger Zeitpunkt", kann in anderem Kontext aber auch „Chance" bedeuten

Auch in der griechischen Sprache gibt es etwas Ähnliches. Das griechische „krisis" bezeichnet nicht einfach eine hoffnungslose Situation, sondern den Höhe- und Wendepunkt einer gefährlichen Lage. Von da an kann es eigentlich nur noch besser werden.

Wenn wir die griechische Bedeutung von Krise betrachten, ist die Frage, wie wir am Wendepunkt in Bewegung kommen, um die anstehenden krisenhaften Veränderungen zu gestalten. Die Begriffe Krise und Veränderung unterscheiden sich lediglich durch eine individuell erlebte Intensität. Für die eine Person ist die Krise eine wirkliche Krise und für eine andere Person ist eine Krise ein fast ganz normaler Veränderungsprozess. So haben wir es in der Corona-Zeit gut beobachten können, wie unterschiedliche Menschen mit Situationen umgegangen sind und sich in „Bewegung" gesetzt haben.

Eine Veränderung ist eine Modifizierung, eine Transformation, eine Umgestaltung, eine Umformung oder eine Überarbeitung. Im Grunde genommen können Veränderungen bewertungsneutral betrachtet werden. Eine Veränderung kann etwas Positives, aber auch etwas Negatives bewirken. Allerdings findet im Alltag häufig eine sprachlich-psychologische Bewertung statt, die in eine eher negativ gepolte Anpassungs- oder gar Abwehrreaktion zielt.

Von vielen Menschen wird eine Veränderung als etwas Bedrohliches erlebt, weil man das Bekannte, das Gewohnte, verlassen muss und man sich auf unbekanntes Terrain begeben soll oder muss. Und – das will nicht jeder! Wie schon aufgezeigt, konnten wir das in Corona-Zeiten gut beobachten.

Wenn wir die positive Seite der Krise und Veränderung in den Blickwinkel nehmen, dann ist sie die Basis für Entwicklung und Kreation.

Gibt es Kreativprozesse ohne Veränderung und Bewegung? Kann etwas Kreatives entstehen, ohne dass sich etwas verändert und in Bewegung setzt?

Im Wort „Bewegung" steckt das Wort „Weg". Ein Zufall? Leider ja, denn dieser Zufall existiert nur im deutschen Sprachraum. Scheinbar hat in anderen Sprachen eine Bewegung nichts mit der Bewältigung eines Weges im direkten Zusammenhang zu tun. Für unsere Zwecke ist dieser Zufall aber sehr dienlich. Wenn wir hier über Bewegung schreiben, meinen wir nicht die physikalische Kraft, die Gegenstände in Bewegung setzt, sondern die Kraft, die einen Menschen bewegt, Dinge zu tun, Wege zu beschreiten.

Im Lateinischen bedeutet „bewegen" - „movere". Dieses Wort wiederum finden wir in Motivation wieder. Und das ist die Kraft, der Wille, etwas zu tun und zu bewegen. Wir meinen also auch die Fortbewegung oder die körperliche Aktivität, das Bewegungsverhalten von Menschen. Und natürlich die Kräfte, die soziale oder politische Bewegungen bedingen. Überall ist der Mensch zentraler Bestandteil – oder besser – Initiator dieser Bewegungen.

2.1. Gibt es Entwicklung ohne Krisen und Veränderungen?

Veränderungen und auch krisenhafte Zeiten sind Bestandteil des Lebens und der Welt, die uns umgibt. Wir können sie nicht aufhalten, wir können nur versuchen, das Beste daraus zu machen und das Wichtigste für uns zu extrahieren. Unser Leben verläuft nicht linear, sondern wir durchlaufen verschiedene Phasen im Leben.

Die Lebensphasen

Keine Phase im Leben eines Menschen ist gleich. Man kann das Leben eines Menschen als „Lebensuhr" darstellen. Die Unterteilung auf dieser Lebensuhr erfolgt in Schritten von jeweils sieben Jahren. Die Sieben ist eine geradezu magische Zahl und taucht in vielen Geschichten, Sagen und Mythologien auf. Es gibt sieben Zwerge hinter den sieben Bergen, es gibt sieben Weltwunder, und die Welt wurde in sieben Tagen erschaffen. Natürlich hat die Woche sieben Tage und man spricht von sieben fetten und sieben mageren Jahren.

Neben dieser Siebenereinteilung haben wir die Lebensuhr in vier Quadranten unterteilt. Auf diese möchten wir im Folgenden näher eingehen.

Abb. 2 Die Lebensuhr

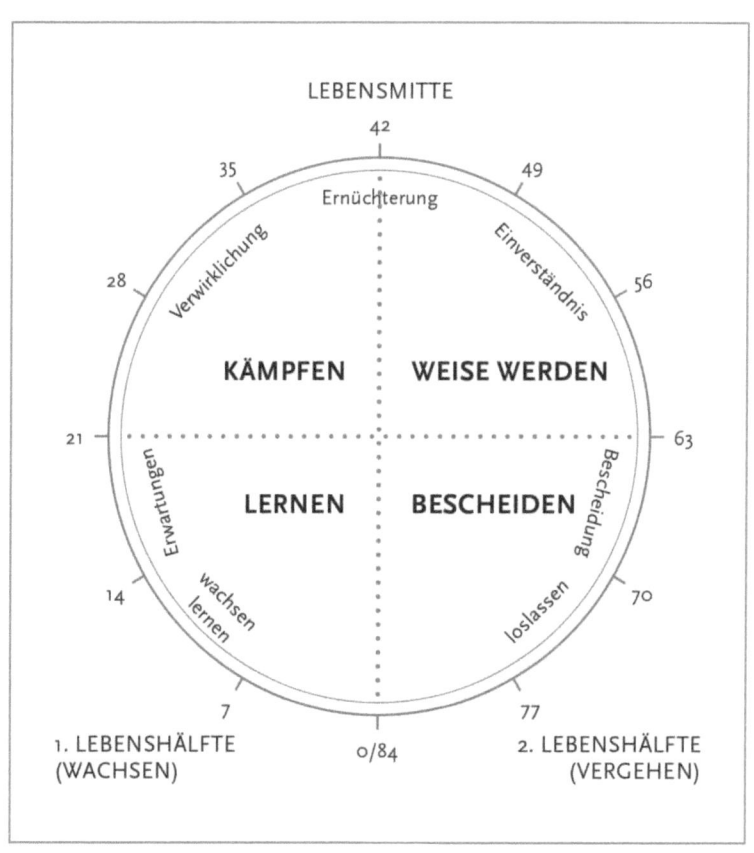

1. Lebensphase: Das Lernen

Von der Geburt bis zum Alter von 21 Jahren wachsen wir und lernen intensiv. Elterliche Erziehung und schulisches Lernen bilden wichtige Grundlagen für das spätere Leben. Ein Großteil des persönlichen Wertesystem wird hier verankert und viele persönliche Verhaltensmuster werden angelegt. In dieser Phase erleben wir – der eine mehr, der andere weniger – unsere erste Lebenskrise, die Pubertät. Die erste Lebensphase ist sehr intensiv und wichtig, da hier der Übergang vom Kind zum Erwachsenen stattfindet und das Loslassen gelernt werden will. Das Kind muss loslassen und die Eltern müssen loslassen. Und eben dieses Loslassen bedeutet auch den Übergang vom fremdbestimmten Handeln zum selbstverantwortlichen Handeln. Weiterhin wird hier der Grundstein für das spätere Berufsleben gelegt und teilweise auch die ersten Lebensziele bzw. mehr oder weniger konkrete Erwartungen an das Leben definiert. Hier findet der Übergang vom Wachstums- zum Reifeprozess statt.

2. Lebensphase: Das Kämpfen

Tatsächlich, hier wird gekämpft. Im Lebensabschnitt von 22 bis 42 Jahren passiert sehr, sehr viel. Auf Basis der Grundlagen aus der ersten Lebensphase wird das Leben aus der „Sturm- und Drangzeit" langsam in ruhigere Bahnen gelenkt. Nun geht es darum, Träume, Wünsche, Ziele und Erwartungen zu Realitäten werden zu lassen.

Grundsätzlich sind wir in diesem Teil des Lebens besonders leistungsfähig und willens, für die Verwirklichung der eigenen Ziele zu kämpfen. Man positioniert sich im Beruf, in der Gesellschaft, in Vereinen etc. Und um viele Positionen muss gekämpft werden. In dieser Zeit findet auch die tiefe Verwurzelung in Partnerschaft, Familie, Beruf und Freundeskreis statt. Am Ende dieser Entwicklungsphase erreichen wir unsere Lebensmitte, in der wir das Erreichte und unsere Lebensumstände auf den Prüfstand stellen.

Die Besonderheit dieser Lebensphase ist der Übergang in die dritte Lebensphase. Der Abgleich mit den tatsächlich erreichten Gegebenheiten und den ursprünglich angestrebten Lebensbildern bringt für viele Menschen entweder Glück und Zufriedenheit oder Frustration. Es ist auch nicht immer leicht, zu realisieren, dass das jetzt Erreichte die Basis für das Älterwerden sein wird. Und es ist gleichzeitig der Zeitpunkt einer gewissen Ernüchterung, weil realisiert wird, dass von nun an die Leistungsfähigkeit, die Bewegungsfähigkeit – physisch und psychisch – nachlassen wird und sich der Körper in eine Richtung verändert, über die man sich nicht unbedingt freuen mag. Nicht zuletzt fallen in diese Lebensphase sehr oft Krankheiten und Befindlichkeitsstörungen wie „Burn-out-Syndrom" und „Midlife-Crisis".

3. Lebensphase: Das Weisewerden

Wie bereits beschrieben, beginnt die dritte Lebensphase für viele Menschen mit der Ernüchterung, nicht alles erreicht zu haben, was man sich vorgestellt und gewünscht hat. Natürlich kann man auch hier noch etwas verändern und auf einen anderen Weg bringen. Allerdings gelangt man nur zu einem inneren Einverständnis, wenn die Korrekturen der Lebensziele und Lebenskonzepte auch tatsächlich realistisch sind. Insofern ist das Alter zwischen 43 und 63 Jahren eine Zeit der Reflektion, des Resumée und des weise werdens. Hier beginnen wir das zu ernten, was wir in den vorangegangenen Jahren und Jahrzehnten gesät haben. Wir haben in unserem bisherigen Leben sehr viel an Erfahrung gesammelt und haben noch die Kraft, vieles umzusetzen und zu verändern. Aber, man tut es sehr viel reflektierter und fokussierter und rennt nicht jeder Modewelle hinterher. Wir gehen oft auch hier noch Dinge an, die bisher unerledigt geblieben sind. Durch klarere Prioritäten haben wir nun die Zeit dazu.

4. Lebensphase: Das Bescheiden

Das vierte Lebensquartal beginnt mit einem Alter von 64 Jahren. Wenn es um Veränderungen geht, spüren wir diese insbesondere körperlich sehr stark. Hier wird dann auch die Endlichkeit des Lebens deutlich und man wird bescheidener. Es gibt Menschen, die diesen Veränderungsprozess mit tiefer Gelassenheit und Zufriedenheit sehen. Andere wollen Veränderung mit aller Macht aufhalten und stemmen sich gegen den Lauf der Zeit. Letztendlich aber wird für alle deutlich, dass es Veränderungen gibt, denen man sich stellen, und diese akzeptieren muss. Dieser Abschnitt ist auch die Zeit, in der wir unsere Erfahrungen an die nächsten Generationen weiter geben. Hoffentlich nicht mit den Worten: „Früher war alles besser!"

2.2. Das Leben mit Instabilität

Kein Leben verläuft ohne Ecken und Kanten. Kein Leben läuft so, wie es geplant wurde. Oftmals sind es Krisen oder sich ändernde Lebensbedingungen, die uns dazu zwingen, einen geplanten Weg zu ändern oder ganz zu verlassen.
Wir wollen oder müssen unsere jetzige Lebenssituation – „Das Alte" - verlassen und machen uns auf den Weg in eine neue Lebenssituation, „Das Neue".

Zwischen dem alten und dem neuen Zustand, den ein Mensch anstrebt, liegt ein Feld der Spannung. Dieses Feld kann breit und lang sein oder kurz und schmal. Die Überwindung dieses Feldes kann einfach oder schwierig sein und viel oder wenig Zeit in Anspruch nehmen.

Veränderungen und Übergänge müssen nicht grundsätzlich ein Problem darstellen. Sie können nur zu einem Problem werden, wenn man nicht den richtigen Weg findet, um vom alten Zustand in den neuen zu gelangen. Haben also alle versuchten LösungsWEGE keinen Erfolg, wird der Übergang zu einem Problem, zu einem SpannungsFELD.

Hier möchten wir auf die drei Grundphasen eines Veränderungsprozesses eingehen:

Abb. 3 Das Veränderungsmodell

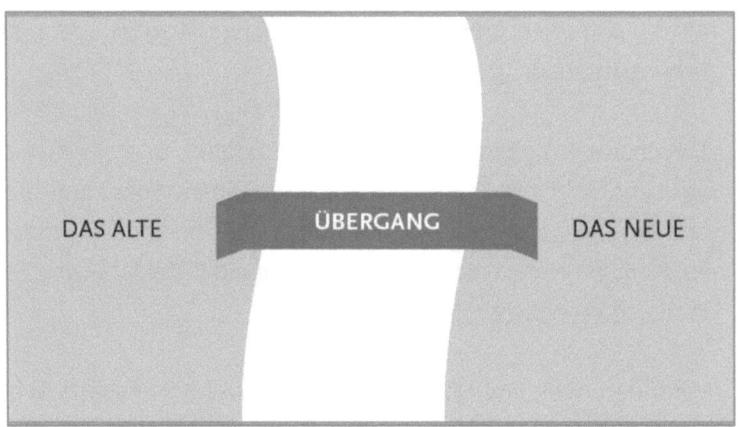

Das Alte

- Ist die Ausgangsposition, der jetzige Zustand
- Ist die gewollte und/oder gewohnte Situation
- Ist der Zeitpunkt der Entscheidung, dass eine Veränderung bzw. ein Wendepunkt notwendig ist
- Ist der Zeitpunkt, wo Veränderungen oder Krisen ungewollt über uns hereinbrechen
- Die Zeit vor der Corona-Pandemie

Der Übergang

- Ist das Spannungsfeld zwischen Alt und Neu
- Ist der Weg zum Neuen
- Ist das Dazwischen
- Ist gepflastert mit emotionalem Auf und Ab
- Ist nicht mehr und noch nicht
- Instabilität während der Corona-Krise

Das Neue

- Ist das Ziel
- Beschreibt die Bilder der Zukunft
- Sind Ziele, Wünsche, Träume, Hoffnungen
- Sind Ängste, Bedrohungen, Befürchtungen
- Die Zeit nach der Corona-Pandemie

Entscheidend für die Reaktion und das Verhalten von Menschen in der Phase des Übergangs ist, ob sie passiv die Veränderung ertragen, also die Veränderung eigentlich nicht wollten und auch nicht initiiert haben. Menschen, die „verändert" werden, reagieren abwartend, wenig konstruktiv, verharrend, leidend und manchmal blockierend.

Haben Menschen eine Veränderung gewollt und sie bewusst vorangetrieben, ist ihr Verhalten dem oben beschrieben konträr entgegengesetzt. Sie sind aktiv, motiviert, lustvoll, gestaltend, kreativ und angetrieben von Wünschen und Zielen.

Die „alten" Bilder der Zukunft sind uns in Krisensituationen verloren gegangen und wir suchen nach neuen Bildern, Träumen und Visionen. Wie sieht unsere Zukunft aus? Können wir diese Zukunft (mit-)gestalten? Wie wird mein Leben aussehen? Viele existenzielle Fragen beschäftigen uns. Die Sicherheit unserer Vergangenheit, unserer Herkunft gibt es nicht mehr und eine Sicherheit, eine Gewissheit unserer Zukunft haben wir noch nicht. Dieser Zustand des „Dazwischen" ist ein Vakuum, geprägt von Unsicherheit, Unklarheit, Ängsten, Stress und Instabilität. Aus dieser Orientierungslosigkeit entsteht das Bedürfnis, ein Zukunftsbild bzw. Hoffnungsbild zu entwickeln, das uns wieder Sinn, Sicherheit und Stabilität verspricht.

3   WIR „IRREN" UNS IN DIE ZUKUNFT!?

3.1.   Es passt nicht mehr – wie kann es weitergehen?

Verändern sich z.B. durch Corona gesellschaftliche, wirtschaftliche und globale Rahmenbedingungen, kann es vorkommen, dass man angesichts der neuen Lebenssituation feststellt, es passt nicht mehr, man fühlt sich nicht mehr wohl oder es ist nicht mehr praktikabel. Dann wollen oder müssen wir verändern, optimieren. Wir gehen also bewusst einen Veränderungsprozess an und definieren – mehr oder weniger konkret – den Sollzustand.

Lassen Sie uns das an einigen Beispielen veranschaulichen:

- Durch die Corona-bedingte Kinderbetreuung veränderte sich zwangsläufig das Leben der Familie. Arbeitete zudem ein Elternteil im Homeoffice, musste der gesamte Tagesablauf neu gestaltet werden. Die Küche oder das Esszimmer wurde zum Büro, das Wohnzimmer zum Spielplatz und auf die übliche Kinderbetreuung durch Großeltern musste vielfach verzichtet werden.

- Auch im beruflichen Kontext hat die Corona-Krise Spuren hinterlassen. Die Organisation der Arbeit über Homeoffice, digitale Konferenztools und das Arbeiten auf Distanz erforderten, dass die üblichen Abläufe neu gestaltet wurden. Change-Prozesse wurden in Corona-Zeiten zum Teil weitergeführt, neue IT-Programme installiert, im Produktionsprozess wurden neue Maschinen und Materialien eingesetzt und neue Strukturen eingeführt.

Sei es Familie, sei es Unternehmen oder Gesellschaft: Durch die Optimierung des Bestehenden wird wieder das passend gemacht, was aus heutiger Sicht nicht mehr passend ist. Der Wunsch ist, dass am Ende des Prozesses ein zufriedenstellender Ablauf und Zustand des Systems wieder hergestellt ist. In Corona-Zeiten war es der Wunsch zurück zur Normalität.

Abb. 4 Optimierungsversuche basierend auf dem Veränderungsmodell

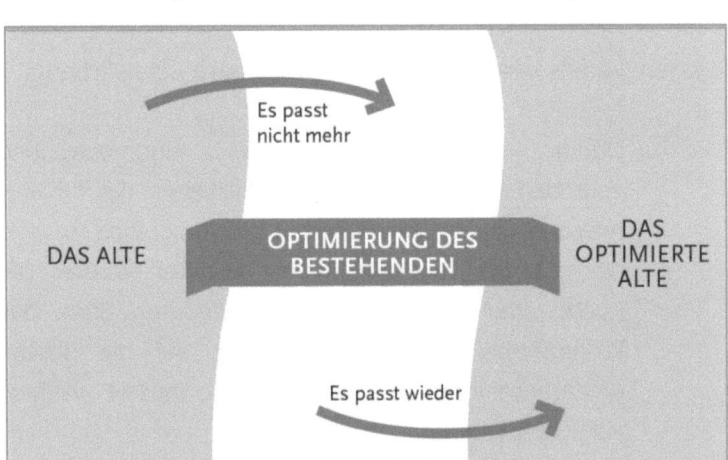

Der Übergang vom Alten zum „optimierten Alten" (siehe Grafik oben) ist ein Prozess, der nicht „von heute auf morgen"

geschehen kann. Zeit ist notwendig, um die alte Situation zu überdenken und sich zu überlegen, was man wie verbessern kann und auch möchte. Hat man eine Vorstellung, wie die neue Situation – „das optimierte Alte" aussehen kann, sind wir in der Lage das Bestehende zu optimieren.

3.2.   Vom Optimieren ins Dilemma

Wer kennt das nicht? Man ist mit der derzeitigen Situation unzufrieden, man fühlt sich nicht wohl. Also, versucht man etwas zu ändern. Man überlegt, was man tun könnte und macht es dann auch. Man startet und stellt fest, dass jetzt alles schlimmer ist als vorher und als man geplant hat. Man befindet sich nun in einem Dilemma, denn „das Alte" ist nicht mehr und die Optimierung des Bestehenden ist fehlgeschlagen. In Corona-Zeiten und mit dem verordneten Lockdown haben viele Familien und auch Unternehmen diesen Prozess im Dilemma schmerzhaft erlebt.

Ein Beispiel aus der Corona-Zeit: Eine Familie hat sich einen neuen Tagesablauf überlegt, um die Arbeitszeit von Vater und Mutter und die unterrichtsfreie Zeit der Kinder ohne die Hilfe von Oma und Opa zu organisieren. Der Plan war gut gemeint – aber die Realität sah leider anders aus. Am Abend waren alle ziemlich gestresst und genervt und es endete zu guter Letzt in einem Streit. So wurden viele Tage erlebt und viele Familien sahen sich in der Überforderung.
Besonders fatal ist, dass man mit einer recht positiven Einstellung gestartet ist, man aber feststellen musste, dass es

(noch) schlechter ist als zuvor. Oftmals ist es dann zu allem Überfluss auch nicht mehr möglich, den alten Zustand wieder herzustellen. Man ist dort angekommen, wo man eigentlich nicht hinwollte.

Das „Lexikon der Philosophie" beschreibt ein Dilemma (griech.: zweigliedrige Annahme) als eine schwierige, ausweglose Situation, in der man sich befindet. Es gibt zwei Wahlmöglichkeiten, von denen eine ergriffen werden muss, beide aber zu einem unerwünschten Resultat führen.

Das heißt, im Grunde genommen weiß man, die Situation ist verfahren, es gibt kein „Zurück" und die Entscheidung, die man trifft, macht die Situation keinesfalls besser – nur anders! Lassen Sie uns hier ein paar Beispiele nennen, die solche Dilemma-Situationen beschreiben.

Dilemmasituation in der Arbeitswelt

Verändert sich z.B. die eigene Situation im Arbeitsmarkt durch Kurzarbeit, Streichung von Zulagen und Provisionen, Wechsel des Arbeitsplatzes oder generell einem niedrigeren verfügbaren Einkommen, versucht man durch Einsparungen in der Lebensführung die finanziellen Verluste auszugleichen. Aber es reicht nicht. Man optimiert und optimiert und trotzdem steigen die Schulden stetig. Egal was getan wird, man hält die Schuldenspirale nicht auf.

Dilemmasituation in der Privatwelt

Auch in Paarbeziehungen und Partnerschaften treffen wir Dilemmata häufig an. Sind z.B. die persönlichen Bedürfnisse und Erwartungen an einander nicht geklärt und nicht offen ausgesprochen, kommt es zu Spannungen. Die Unzufriedenheiten spielen in alle Bereiche des gemeinsamen Alltags hinein. So werden aus anfänglichen Spannungen durchaus ernstzunehmende Konflikte. Aus dem Wunsch der Partner, den früheren, zufriedenen und glücklichen Zustand wieder herzustellen, werden Maßnahmen ergriffen. Doch Gespräche mit Freunden, Paarberatung, gemeinsame Gespräche und alle weiteren Maßnahmen fruchten nicht und daher ändert sich auch nichts. Was noch schlimmer ist: Durch die intensive Beschäftigung mit der eigenen Unzufriedenheit steigt diese, weil sie den Partnern bewusster wird. Die negative Spirale bewegt sich weiter nach unten.

Typische Auslöser für Dilemmasituationen

Auslöser im Privatbereich
Schwierigkeiten mit der Erziehung von Kindern
Beziehungskrisen und Scheidungen
Pflegephasen von Angehörigen
Überschuldung und existentielle Bedrohung
Todesfälle und Trauerarbeit
Traumatische Erlebnisse
Auswirkungen der Corona-Pandemie (Homeoffice, Homeschooling etc.)

Auslöser im Berufsleben
Fusionen von Unternehmen, Abteilungen, Bereichen – bei Wegfall von Arbeitsplätzen
Krisensituationen im Unternehmen: Kurzarbeit, Personalabbau
Zeiten drohender Insolvenz des Unternehmens und während einer Insolvenz
Ungelöste Konflikte in Teams, mit Führungskräften
Auswirkungen der Corona-Pandemie und Umweltkatastrophen (Hochwasser, Vulkanausbruch etc.)

In unserem Sprachgebrauch hat sich im Zusammenhang mit diesen Situationen ein Wort etabliert, das diese kläglichen und scheiternden Versuche der Verbesserung auf´s Trefflichste beschreibt: „Verschlimmbesserung". Es wird versucht zu verbessern – mit dem Ergebnis der Verschlechterung. Ein Fußballtrainer, der bereits unter starkem Druck der Vereinsführung stand, sagte einmal nach einem wieder verlorenen Spiel vor laufender Kamera: „Erst hatten wir kein Glück, dann kam auch noch Pech dazu!" Das ist, wie wir finden, auch eine nette Umschreibung für ein Ergebnis, wie man sich es weder vorgestellt, noch gewünscht hat.

Aber auch im Arbeitsleben und in organisatorischen Abläufen sind Dilemmata nicht selten anzutreffen. So werden alte Maschinen nicht ersetzt, sondern ständig – ohne großen Erfolg – repariert und aufwändig gewartet. IT-Systeme werden nicht grundlegend erneuert, sondern sukzessiv „verschlimmbessert". Firmen fusionieren mit anderen, um erfolgreicher zu werden.

Oft ist das Resultat, dass sie hinterher schlechter dastehen als vorher.

Besonders tragisch sind Dilemmata in Verbindung mit Umweltkatastrophen. Die Corona-Pandemie, ein Erdbeben, ein Tsunami, ein Vulkanausbruch sind schon schlimm genug und haben oft Tausende Tote zur Folge. Fürchterlicher als die eigentliche Katastrophe sind aber dann die Folgen. Plünderungen, Seuchen, Obdachlosigkeit, medizinische Unterversorgung und der Zusammenbruch ganzer Versorgungs- und Wirtschaftssysteme knüpfen mit gnadenloser Gewissheit an das Geschehene an.

Trotz aller Anstrengungen und Bemühungen kommt es zu keiner Verbesserung im neuen Zustand. Die Optimierung des Bestehenden ist gründlich fehlgeschlagen. Es scheitern jetzt sogar die Versuche, das Alte wieder herzustellen.

Abb. 5 Trotz Optimierung passt es nicht

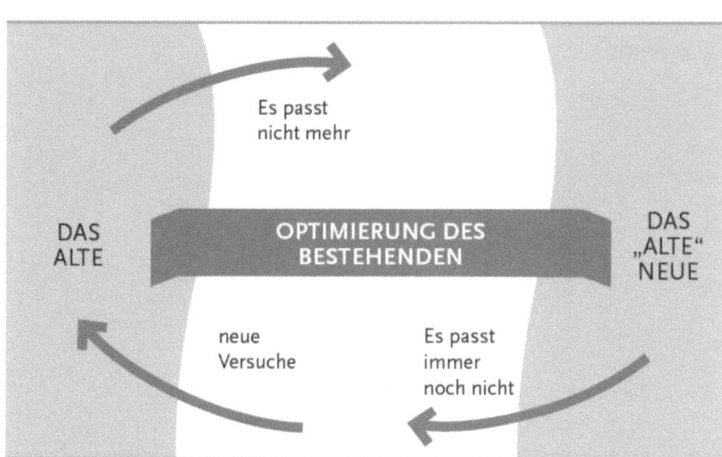

3.3. Der Dilemma-Zirkel

Wir erleben Veränderungssituationen als Dilemma, wenn wir trotz mehrfacher Optimierungs- und Anpassungsversuche keine deutliche Verbesserung des Ist-Zustandes erreicht haben und sich mehr und mehr das Bewusstsein einstellt, dieses Problem sei unlösbar. Ein Gefühl der Verzweiflung, Ohnmacht und Hilflosigkeit ist ein eindeutiges Zeichen dafür, dass wir uns in einem Dilemma-Zirkel befinden.

Für viele Menschen ist dieser Dilemma-Zirkel, das Hamsterrad der „Bewegung ohne Bewegung", der Kampf gegen die eigene Verzweiflung, geradezu unerträglich. Sie sind gefangen in einer Situation, die eigentlich nicht akzeptiert werden kann. Alle Fluchtversuche sind gescheitert.

Dann folgt in vielen Fällen die mentale Flucht: Verleugnung. Die Situation wird einfach verleugnet oder gar schöngeredet. Einigen Menschen gelingt es sogar, sich mit dieser nicht gewünschten Situation zu arrangieren. Besser wird sie dadurch allerdings nicht!

Abb. 6 Der Dilemma-Zirkel

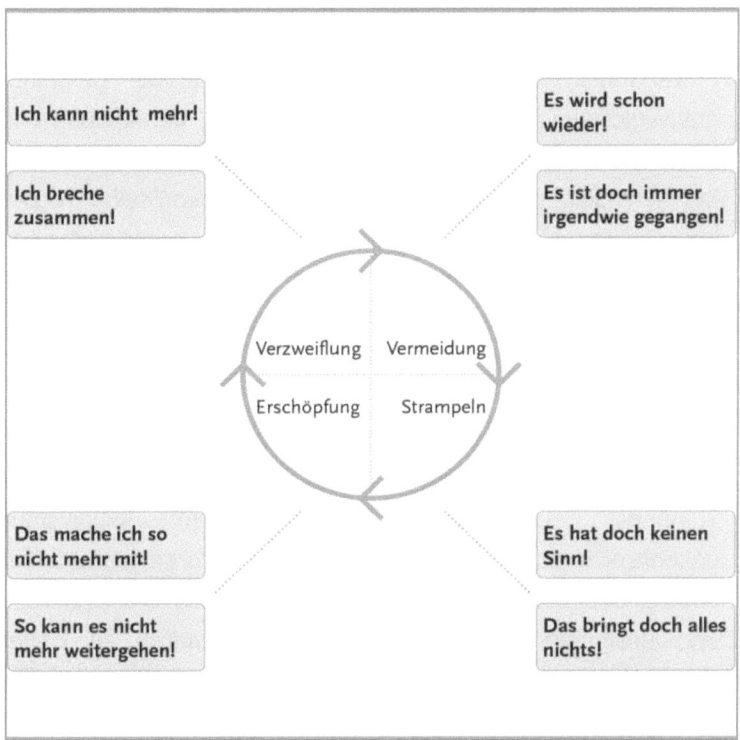

Die Grafik zeigt die verschiedenen Zustände des Dilemma-Zirkels. Oftmals ist es so, dass Menschen in den einzelnen Quadranten nicht für lange Zeit verweilen, sondern von einem Zustand in den nächsten wechseln. Diese Rotation durch den Dilemma-Zirkel ist mit dem Rennen im Hamsterrad, der Bewegung ohne Fortkommen, durchaus vergleichbar.

Das Vermeiden

In diesem Zustand lebt man tief in dem Bewusstsein, das Problem ist nicht lösbar. Die – durchaus vermeintliche – Unlösbarkeit des Problems führt auf Grund der gefühlten Ausweglosigkeit zu Fatalismus, Verdrängung, Vermeidung und Bagatellisierung. Das Problem wird negiert oder verharmlost. Der tiefe Glaube entsteht, dass es irgendwie von selbst wieder besser wird und / oder es doch sonst auch immer gut gegangen ist. Allerdings wird in diesem Zustand auch schnell klar, dass sich in realitas nichts ändert. Das führt dann zu einer Änderung des Zustands, da sich ja doch etwas ändern muss!

Das Strampeln

„Ich muss dringend etwas tun!" Das ist die Kernaussage dieses Zustands, der oftmals von blankem Aktionismus gekennzeichnet ist. Das Handeln steht im Vordergrund, nicht das Ziel oder der Sinn. Hauptsache, man tut was! Dieses ziellose und unsinnige Handeln führt aber letztendlich zu keiner Verbesserung. Ohne Zuversicht läuft man im Hamsterrad weiter und allmählich geht jede Energie verloren, man ist ausgebrannt.

Die Erschöpfung

Der Erschöpfungszustand stellt sich ein, weil man ohne Erfolg „gestrampelt" hat und resigniert. Psychisch und physisch ist man am Ende, ausgelaugt. Aussagen wie „das mache ich nicht mehr mit" oder „so kann es nicht mehr weiter gehen" sind typisch für diesen Zustand. Vollkommene Antriebslosigkeit ist die Folge, man gibt sich in sein scheinbar unvermeidliches Schicksal und ist nur noch verzweifelt. Körperliche Stresssymptome wie Schlafstörungen, Kreislauf- und Herzprobleme, Kopfschmerzen und Migräne sind typischer Begleiter dieses Zustands.

Die Verzweiflung

„Ich breche zusammen, ich kann nicht mehr!" So fühlt man sich im Zustand der tiefen Verzweiflung, Alles erscheint aussichtslos und unsinnig. Man zweifelt an sich und an den Rahmenbedingungen. Eine Lösung und positive Änderung erscheint ausgeschlossen. Oftmals wird hier externe Hilfe in Anspruch genommen, da dieser Zustand häufig mit Krankheiten einhergeht. Psychosomatisch ausgelöste Krankheiten wie Kopfschmerzen, Migräne, Magen- und Darmprobleme und Störungen des Herz- Kreislaufsystems sind typisch.

3.4. Vom Dilemma-Zirkel in die Dilemma-Spirale

Leider ist es so, dass viele Menschen, die sich in einem Dilemma-Zirkel befinden, ihre Warnzeichen nicht objektiv wahrnehmen können. Manchmal ist es sogar das direkte Umfeld, das diese Warnzeichen spürt und zu einem Gesamtbild zusammenfügt. Es ist grundsätzlich positiv zu bewerten, wenn Sie feststellen, dass es in Ihrem Leben solche Warnzeichen gibt. Haben Sie den Mut, denn ein wenig Mut gehört dazu, diese Warnzeichen objektiv aufzunehmen und sich ihnen zustellen. Nur so kann man den Ursachen auf den Grund gehen und an einer Verbesserung, einer Veränderung, arbeiten.

Bringen diese Optimierungsversuche keine Ergebnisse, also keine deutliche Verbesserung der derzeitigen Situation, führt das unweigerlich in eine Verfestigung der Dilemmasituation. Das Schlimmste, das jedoch geschehen kann, ist, dass aus einem Dilemma-Zirkel eine Dilemma-Spirale wird. Ändert sich nichts, nachdem man die vier Stationen des Dilemma-Zirkels durchlebt hat, beginnt man von neuem. Allerdings auf einem anderen, oftmals deutlich dramatischerem Niveau. Man befindet sich auf einer Spirale nach unten und die Gefühle, die Empfindungen und Belastungen werden immer intensiver.

 Je stärker wir unter Druck geraten, desto mehr verlieren wir die Kraft, tatsächlich etwas zu ändern.

Es wird ein Strudel, der uns geradezu unweigerlich auf den Grund der Handlungsunfähigkeit, des destruktiven Fatalismus, zieht.

Hilfe zur Selbsthilfe für Betroffene im Dilemma-Zirkel

Wie verhalten wir uns eigentlich, wenn wir nicht selbst im Hamsterrad eines Dilemma-Zirkels unterwegs sind, sondern wir das Gefühl haben, Freunde oder Familienangehörige befinden sich in einem Dilemma-Zirkel. Man merkt, es geht jemandem nicht gut, man sieht Signale und es werden deutliche Anzeichen für eine solche Situation sichtbar. Man möchte helfen! In der Phase des „Vermeidens" sind die Menschen am wenigsten zugänglich, denn hier wird verharmlost, ignoriert. Gespräche sind sinnlos, weil sich der Gesprächspartner nicht öffnet, er hat ja kein Problem!

Gelangt der Andere in die Phase des „Strampelns" ist keine Zeit für Gespräche, denn man muss ja handeln, etwas tun. Ratschläge werden oft als Schläge erlebt, weil sich die betroffenen Menschen intensiv auf der Handlungsebene befinden und aus ihrer Sicht genau das Richtige tun. In der Zeit des Aktionismus ist kein Platz für tiefgreifende Diskussionen. Auch hier findet keine Öffnung statt.

Ist der Zustand der „Erschöpfung" erreicht, realisieren die Betroffenen, dass alle Bemühungen erfolglos waren. Zugänglich sind die Menschen in dieser Phase aber meist nur für symptomatische Hilfe. Das heißt, sie suchen Hilfe für die Behandlung der Symptome (Krankheiten, körperliche Probleme), setzen aber noch nicht an den eigentlichen Ursachen an. Aus ihrer sehr persönlichen Sicht bringt eine Heilung der Symptome auch eine Heilung der Ursachen. Natürlich weit gefehlt.

Aber für die Behandlung der Ursachen, eine Änderung der grundsätzlichen Situation, ist auch hier noch kein Platz. Es ist für Außenstehende sehr schwer und geradezu unverständlich, jemanden leiden zu sehen und keinen Ansatz für ursächliche Hilfe zu finden.

Abb. 7 Optimierungsversuche mit integriertem Dilemma-Zirkel

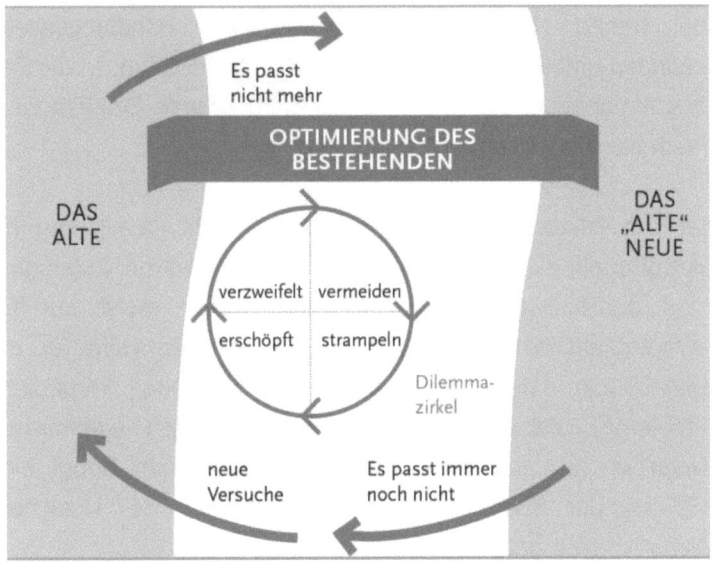

Spricht man mit Ärzten und Therapeuten über diese Problematik, ist es tatsächlich ein therapeutisches Stufenplanverfahren. Hier möchten wir auf das zu Beginn des Buches beschriebene Krisenmodell verweisen – wir betrachten hier gerade das Durchlaufen der Phasen drei bis sechs mit all den emotionalen Tiefpunkten.

Erst setzt man an den Symptomen an, dann widmet man sich den Ursachen.

Ein anderes Vorgehen ist eben nicht möglich, weil die Patienten nur ihre Symptome erleben und diesen eine ursächliche Bedeutung beimessen. Deshalb begeben sie sich auch fast nie „freiwillig" in therapeutische Behandlung, sondern suchen zuerst Hilfe bei Allgemeinmedizinern, Internisten etc.

Aus unserer Sicht ist die größte Öffnung für Hilfe von außen im Zustand der „Verzweiflung". Das heißt, es müssen alle Phasen des Dilemma-Zirkels durchlaufen worden sein, bevor man sich mit Hilfsangeboten anderer überhaupt auseinandersetzt. Es gilt also, genau den richtigen Zeitpunkt für Interventionen und Hilfsangebote zu treffen.

Oft ist es aber so, dass man bereits in den Phasen zuvor versucht hat zu helfen. Diese Hilfe wurde aber nicht angenommen und möglicherweise ist man dann als außenstehend helfen Wollender bereits frustriert, weil keine Gesprächsangebote angenommen worden waren. Umgangssprachlich ausgedrückt, „muss die Karre erst einmal richtig gegen die Wand gefahren worden sein".

Wird folglich die Hilfe zur Selbsthilfe nicht zum richtigen Zeitpunkt angeboten oder wird sie abgelehnt, beginnt der Kreislauf erneut und der Betroffene gerät vom Dilemma-Zirkel in die Dilemma-Spirale.

3.5.   Instabilität – den Preis müssen wir zahlen!

Stabilität ist eine Folge der Instabilität! Sehen Sie den Seiltänzer auf dem Hochseil, haben Sie das Gefühl er kann sich frei auf dem Seil bewegen, weil er den Zustand großer Stabilität besitzt. Falsch! Er bleibt auf dem Seil, weil er seine Stabilität durch fortwährende Instabilität hält. Stände er vollkommen ruhig auf dem Seil, würde er abstürzen. Da er in ständiger Bewegung, also Instabilität, ist, bleibt er stabil auf dem Seil.

Auch die Stabilität unserer Erde ist eine Folge von Bewegung, also Instabilität. Die Erdanziehungskraft die durch die Erdrotation ausgelöst wird, hat zur Folge, dass Gegenstände sich durch ihr Gewicht im Zustand der Ruhe befinden.

Instabilität – der Weg zum neuen Ziel
Physikalisch definiert, ist ein System dann stabil (von lat. stabilis = standhaft), wenn es die Fähigkeit besitzt, nach einer Störung wieder selbständig in den Ausgangszustand zurückzukehren.

Seltsamer Weise ist das Wort „Instabilität" in unserem Sprachgebrauch im Gegensatz zu „Stabilität" eher negativ belegt. Stabilität ist gut, Instabilität ist schlecht! Dies ist aber nur bedingt richtig. Wie so oft ist es eine Frage der Betrachtungsweise. Denn manchmal braucht es die Bewegung, die Veränderung, um wieder in Stabilität zu gelangen. Dann ist Instabilität nicht schlecht, sondern der Weg, um einen gewünschten Zustand zu erreichen. Um hier überhaupt eine

Wertung hineinzubringen, ist vielleicht die gewollte Instabilität positiv geladen und die ungewollte Instabilität eher negativ.

Übrigens ist gerade die Angst vor Instabilität der Grund dafür, dass viele Menschen Veränderungen ablehnen oder sogar Angst vor ihnen haben. Es ist weniger der neue Zustand, der Unbehagen auslöst, sondern es ist die Instabilität, der vermeintliche Verlust der Stabilität, die der alte Zustand bot.

In der Zeit vor der Corona-Krise haben sich viele Unternehmen in einem Strukturwandel befunden. Durch die Corona-Pandemie wurde die bereits vorhandene Instabilität noch einmal massiv verstärkt. Viele Unternehmen konnten nur mit Kurzarbeit und staatlicher finanzieller Unterstützung überleben und wir wissen heute – August 2020 – noch nicht, welche wirtschaftlichen Folgen die Krise wirklich haben wird.

In der folgenden Übersicht haben wir typische Stabilitäten, Instabilitäten und Auslöser für diese einmal beispielhaft auf Alltagssituationen übertragen.

Die in unseren Beispielen genannten Zustände der Instabilität sind in den meisten Fällen kein endgültiger Zustand, sondern ein vorübergehender, der nach einer gewissen Zeit wieder in die Stabilität überführt wird. Allerdings ist der Zustand nach der neuen Stabilität fast immer ein anderer als vor der Instabilität.

	Stabilität	Auslöser	Instabilität
Person	Innere Sicherheit und Klarheit Ich weiß, was ich will Balance zwischen Arbeit und Privat Ausgeglichenheit	Äußere Rahmen-bedingungen z.B.: Auswirkungen der Corona-Krise: Arbeitsplatzverlust Arbeitsplatzwechsel Tod oder Krankheit nahestehender Menschen Innere Auslöser durch die Sinnfrage zur Lebensmitte, Pubertät	Weiß nicht was ich will keine Antriebskraft Unzufriedenheit mit sich und der Welt Orientierungs-losigkeit Burnout oder andere Krankheiten
Beziehung	Vertrauen und Sicherheit klare Regeln Rollen-verteilung vertraute Kommunikation	Vertrauensmissbrauch Konflikte werden offen angesprochen Erwartungen werden ausgesprochen	Misstrauen ungelöste Konflikte Ohnmacht keine konstruktive Kommuni-kation

Unternehmen	Über viele Jahre stabile Märkte und Hoch- konjunktur	Digitalisierung Strukturwandel Auswirkungen der Corona Pandemie	Unproduktive Arbeitsabläufe Steigerung der Komplexität unsichere Arbeitsplätze Finanzengpässe
Politisches und gesellschaft- liches System	Mehrheitliche Zufriedenheit mit dem politischen und gesellschaftlichen System	Ungerechtig- keiten Hunger und Armut Arbeitslosigkeit Korruption	Revolution Kriege Wirtschaftskrisen Straßen- schlachten

Nehmen wir ein politisches System. In einem funktionierenden demokratischen System herrscht mehrheitlich Zufriedenheit mit der Politik und dem System an sich. Nimmt die Arbeitslosigkeit zu, steigt die Armut, kommt es zu Ungerechtigkeiten, lehnt sich das Volk auf, die mehrheitliche Zustimmung ist verloren. Revolution bedeutet Instabilität. Diese Instabilität bleibt so lange bestehen, bis das System durch die revolutionären Bewegungen neu definiert wird.

Es wird ein neuer Zustand der Stabilität erreicht, der aber definitiv ein anderer ist, als der vor der Revolution. In der Corona-Zeit konnten wir verschiedene Strömungen in Demonstrationen beobachten: gegen die Einschränkung demokratischen Rechts, gegen die Verletzungen des Versammlungsverbots, gegen Nicht-Einhaltung von Hygiene-

Vorschriften, die zu lokalen Lockdowns führten und Prügeleien und Plünderungen in großen Städten.

Auch im privaten Umfeld mussten wir in Zeiten von Corona eine deutliche Zunahme von häuslicher Gewalt verzeichnen. In vielen Beziehungskonstellationen haben sich durch die Instabilität viele neue Konflikte entwickelt. Durch unausgesprochene Erwartungen, nicht gelöste Konflikte und Vertrauensmissbrauch kommen Beziehungen in eine Krise, einen instabilen Zustand. Jetzt gibt es zwei Alternativen, um wieder in die Stabilität zu gelangen. Man löst die Konflikte, definiert gegenseitige Erwartungen neu und arbeitet an der Vertrauenskultur. Geht alles gut, ist die Beziehung gerettet. Allerdings ist die Beziehung – vollkommen wertfrei – eine andere als vor der Krise. Die andere Alternative ist, sich zu trennen. Hier heißt die Stabilität Trennung und/oder „Single-Dasein". Auch das ist eine deutlich andere Stabilität als vor der Krise!

Es bedeutet also, um von einer alten Stabilität in eine neue Stabilität zu gelangen, bedarf es der Akzeptanz einer Instabilität. Je größer die Differenz zwischen „Alt" und „Neu" ist, desto länger und intensiver ist der gefühlte und erlebte Zustand der Instabilität.

Die Toleranz Stabilität auszuhalten ist bei Menschen sehr unterschiedlich ausgeprägt. So gibt es Menschen, die z.B. gerne ihr Lebensumfeld ändern – sie ziehen gerne um. Das durch den Umzug bedingte Chaos nehmen sie im Sinne der neuen Stabilität, der neuen Wohnung, gerne in Kauf. Andere würden gerne umziehen, tun es aber nicht, weil sie das Chaos zwischen alter Wohnung und neuer Wohnung abschreckt.

Alte und neue Ordnungssysteme
Um nachhaltige Veränderungen bewirken zu können, müssen wir folglich Stabilität und den damit verbundenen Ordnungszustand aufgeben. Entweder es ist das bewusste Verlassen der gewohnten Situation in die Instabilität oder in heftigen Krisenphasen werden wir in diese Instabilität gestoßen. Erst nach diesem Schritt erreichen wir ein neues Ordnungssystem.

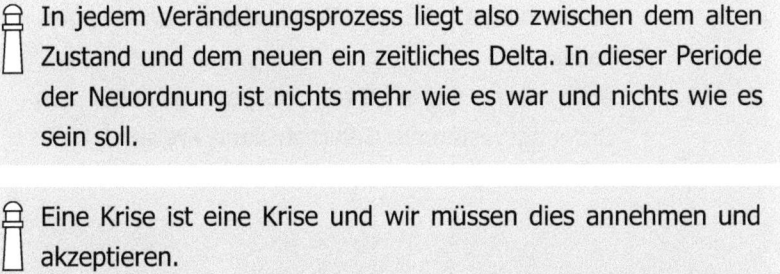

In jedem Veränderungsprozess liegt also zwischen dem alten Zustand und dem neuen ein zeitliches Delta. In dieser Periode der Neuordnung ist nichts mehr wie es war und nichts wie es sein soll.

Eine Krise ist eine Krise und wir müssen dies annehmen und akzeptieren.

Wenn wir hier über Ordnungszustände und Ordnungssysteme schreiben, so verlangt das nach einer Erklärung: Ein Ordnungssystem definiert eine Ordnung und beschreibt ein Ordnungsprinzip. Es folgt ganz bestimmten Regeln und Mustern, die von außen nicht immer erkennbar sind.

Diese Regeln, Muster und Ordnungen geben dem gesamten System Stabilität. Um dies zu verdeutlichen, hier einige Beispiele:

- Ordnungssysteme sind z.b. in der Natur der Wald, ein Ameisenhaufen, ein Bienenstock, Fischschwärme, Korallenriffe, die Wüste.
- Ordnungssysteme der Architektur sind beispielsweise ein Haus, eine Wohnung, ein Dorf oder eine Stadt.
- In Unternehmen und Organisationen finden wir folgende Ordnungssysteme: Organigramme, Bürogebäude, Büros, Produktions- und Lagerhallen.
- Auch der menschliche Körper besteht aus Ordnungssystemen: Gehirnstruktur, Kreislauf, Blutbahnen, Organsysteme etc.

Jedes Ordnungssystem ist grundsätzlich auf Stabilität ausgelegt. Diese Stabilität erscheint aber durchaus von außen betrachtet als chaotisches System. So erschließt sich für uns Menschen das Ordnungssystem „Ameisenhaufen" nicht unbedingt auf den ersten Blick als ein stabiles, geordnetes System. Ebenso verhält es sich mit vielen anderen Ordnungssystemen, sofern wir die Ordnung, die Regeln und Muster dieses Systems nicht kennen.

Im Grunde genommen besteht unser ganzes Leben aus Ordnungssystemen. Die Welt, unser Staat, die Stadt, das Haus und die Wohnung in der wir Leben sind ein Ordnungssystem und ebenso unser Körper. Wir lieben es, uns solche Systeme zu schaffen. Die meisten Menschen fühlen sich in Unordnung nicht wohl, deshalb schaffen sie Ordnung mit System. Jegliche Art von Schränken und Aufbewahrungssystemen dienen diesem Zweck. In diesen Schränken, in Schubladen findet man dann wieder Sub-Ordnungssysteme und so weiter.

Wahrscheinlich ist dieser Hang zu systematischer Ordnung gerade der Grund dafür, dass wir gewohnte Ordnungszustände nur ungern freiwillig verlassen. Aber, wer Veränderung will, muss Unordnung, Übergang und Instabilität zulassen. Das ist dann die gewollte Instabilität.

Jedes Ordnungssystem kann aber auch durch äußere Umstände und Einflüsse in einen instabilen Zustand gebracht werden. Das können Naturereignisse, Kriege, Unruhen, Corona-Pandemie und menschliche Eingriffe sein. Das Fatale daran ist, dass oft nicht nur das primär betroffene System instabil wird, sondern auch alle davon in direkter und indirekter Abhängigkeit stehenden. In der Corona-Krise sind nicht nur das Ordnungssysteme der „Gesundheit" in Instabilität geraten, sondern auch das gesellschaftliche System, der Staat, die Unternehmen und Organisationen bis hin zum Einzelnen leiden und werden instabil.

Mit Ordnungssystemen und ihrem stabilen oder instabilen Zustand hat sich auch der Begründer der „Grundwissenschaft der Synergetik", Herman Haken, intensiv auseinander gesetzt. Synergetik ist die Lehre vom Zusammenwirken von Kräften und Energien. Sie geht zurück auf die Chaosforschung und ist somit ein Bestandteil der Naturwissenschaft. Alle Abläufe, Regeln und Strukturen unserer Welt unterliegen den Gesetzmäßigkeiten der Synergetik. Sie ist eine Strukturwissenschaft, die sich im Kern auf Ordnungen und Ordnungssysteme reduzieren lässt. Das Grundprinzip bedeutet: Alte Ordnung – Chaos – Neue Ordnung. Das Chaos, der Zustand der Instabilität, löst die alte Ordnung auf, um durch Selbstorganisation im Chaos zu einer neuen Ordnung zu gelangen. Die neue Ordnung ist dann den geänderten Rahmenbedingungen optimal angepasst. So manche Entwicklungen entstehen durch dieses System der Selbstorganisation. Hier wirkt alles zusammen und beeinflusst sich gegenseitig.

Unser Gehirn ist ebenso ein Ordnungssystem, das in der Lage ist, sich immer wieder neu zu organisieren. Wir reagieren in Krisen und Veränderungsprozessen zumeist mit Versuchen, im Rahmen bekannter und bestehender Ordnungen und Muster unsere Funktionalität den veränderten Rahmenbedingungen anzupassen und so eine Optimierung herbeizuführen.

Peter Kruse hat in seinem Buch „next practice – Erfolgreiches Management von Instabilität" sehr eindrucksvoll beschrieben, wie sinnvoll es sein kann, in Veränderungsprozessen bekannte Muster zu verwerfen und nicht nur zu lernen, sondern umzulernen. Er sagt: „Bei der Gestaltung von Veränderungsprozessen macht es Sinn, zwischen Funktionsoptimierung und Musterwechsel zu unterscheiden".

Er erläutert dies anhand eines Beispiels aus dem Spitzensport. Jahrelang haben die weltbesten Hochspringer das dominierende Bewegungsmuster, den Scherensprung – Straddle – optimiert. Diese Technik wurde so lange optimiert, bis über Sieg oder Niederlage nur noch Millimeter entschieden. Die Technik war sozusagen ausgereizt. Dann geschah 1968 das damals Unglaubliche.

Richard Douglas Fosbury sprang bei den Olympischen Spielen in Mexiko mit einer neuen Technik, dem Fosbury-Flop, und errang auf Anhieb die Goldmedaille. Fosbury hat eben nicht versucht, die alte Technik durch Funktionsoptimierung (best practice) zu verbessern, sondern hat einen Prozessmusterwechsel (next practice) vorgenommen, in dem er sich von den alten Bewegungsmustern komplett „verabschiedet" hat und eine neue Technik gewählt hat. Da der Fosbury-Flop ein deutlich besseres Höhenpotenzial aufwies, haben viele Spitzenhochspringer auf diese Technik umgelernt.

Unser Ordnungssystem Gehirn ist aber primär auf Funktionsoptimierung eingestellt und weniger auf tatsächliche Musterwechsel und manchmal dauert es einige Zeit, bis nach Versuchen der Optimierung das Loslassen und der Musterwechsel erfolgt. Ein simples Beispiel (vgl. Kruse): Wir möchten durch eine Tür gehen, von der wir wissen, dass sie niemals abgeschlossen ist. Man betätigt die Türklinke und stellt mit Verwunderung fest, dass sie abgeschlossen ist. Was tun wir? Wir versuchen es erneut und siehe da, die Tür ist immer noch verschlossen. Was machen wir jetzt?

Wir rütteln an der Tür und müssen realisieren, dass sie immer noch verschlossen ist. Erst dann machen wir uns Gedanken, wie wir in den Raum gelangen können.

Das heißt, eigentlich haben wir sofort festgestellt: Die Tür ist verschlossen und eigentlich hätte man sofort nach anderen Wegen (Prozessmusterwechsel) suchen müssen. Wir haben aber erst einmal erfolglos versucht, den bekannten Prozess zur Öffnung der Tür zu optimieren. Die verschlossene Türe ist eine Veränderung und wir reagieren auf diese Veränderung erst einmal durch aktionistisches Versuchen in uns bekannten Mustern (Rütteln etc.). Der Wechsel zu anderen Mustern kommt erst sehr viel später. Um im Bild der verschlossenen Tür zu bleiben.

Menschen sind sehr unterschiedlich in ihrer Kompetenz, Musterwechsel vorzunehmen. Die einen bleiben resigniert vor der geschlossenen Tür stehen. Menschen mit hoher Kompetenz Prozessmusterwechsel auszuprobieren, suchen sofort nach anderen Wegen.

Diese Beispiele von „best und next practice" sollen Ihnen aufzeigen, wie wichtig bei Veränderungen die Bereitschaft ist, neue Wege zu gehen und den Übergang zwischen altem und neuem Zustand aktiv durch eigene Veränderungsbereitschaft zu gestalten. Weiterhin sollte klar sein, dass zwischen beiden Zuständen immer ein zeitliches Delta liegt. Wie lang dieser Zeitraum ist, hängt sehr stark vom Grad und der Intensität der Veränderung ab. Aus unserer Erfahrung wird die Zeit, die für einen Übergang notwendig ist, also die Zeit der Instabilität, fast immer unterschätzt.

Während der Corona-Krise konnte man sehr gut beobachten, welche Unternehmen bestrebt waren, schnell wieder in die alten Unternehmensmuster zurück zu kommen – z.B. Rücknahme von Homeoffice, auch dort, wo es gut funktioniert hat. Auf der anderen Seite gibt es Unternehmen, die die Krise zum Anlass genommen haben, neue Arbeitsformen und die Digitalisierung voran zu treiben und das Unternehmen fit für die Zukunft zu machen. In der Gastronomie war zu beobachten, wer sich schnell auf die neue Situation in Form von „außer Haus-Verkauf" einstellen konnte und wer wochenlang geschlossen blieb. Viel Kreativität und neu entstandene Solidarität konnten wir auch beobachten. Ähnliches konnten wir in persönlichen Lebenssituationen vieler betroffener Menschen wahrnehmen. Die Corona-Pandemie hat bei vielen dazu geführt, wichtige Lebensthemen zu hinterfragen und zu reflektieren.

Instabilität in der Phase des Übergangs
Fassen wir noch einmal zusammen: Um nachhaltige Veränderungen zu bewirken und zu implementieren, müssen Instabilitäten bewusst herbeigeführt werden. Wir lassen das Bekannte los, verabschieden es und begeben uns auf neues, unbekanntes Terrain. Es gibt verschiedene Möglichkeiten, diese gewollte Instabilität herbeizuführen.

Man kann Regeländerungen vornehmen, man kann Gesetzmäßigkeiten eines Systems durchbrechen, man kann durch frühzeitiges Bewusstsein aus einem Dilemma ausbrechen und man kann neue Strukturen aufstellen. All das führt dazu, dass das alte Ordnungssystem in Schieflage gerät, instabil wird.

Abb. 8 Veränderung braucht Instabilität

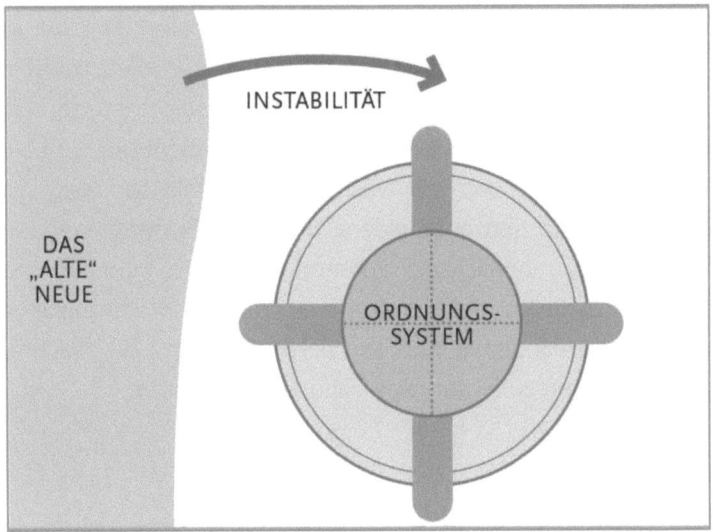

Im Grunde genommen ist nichts kostenlos. Und umsonst sowieso nicht! Die Instabilität ist der Preis, den wir zahlen müssen, um von einem Zustand in den anderen zu kommen. Hier kann man sich durchaus auch bewusst die Frage nach der Höhe des Preises stellen, den man bereit ist zu zahlen. Was lasse ich los, was gewinne ich und welche Art, Intensität und Dauer der Instabilität muss ich dafür zahlen.

3.6.　Sinn finden – Stabilität gewinnen

Ziel eines jeden Veränderungsprozesses ist nach der Krise, also im neuen Zustand, wieder Stabilität zu gewinnen. Wir zahlen also den Preis der Instabilität, um Stabilität wieder zu erlangen. Was ist aber mit der Sinnfrage?

Abb. 9 Von der Instabilität zur Stabilität

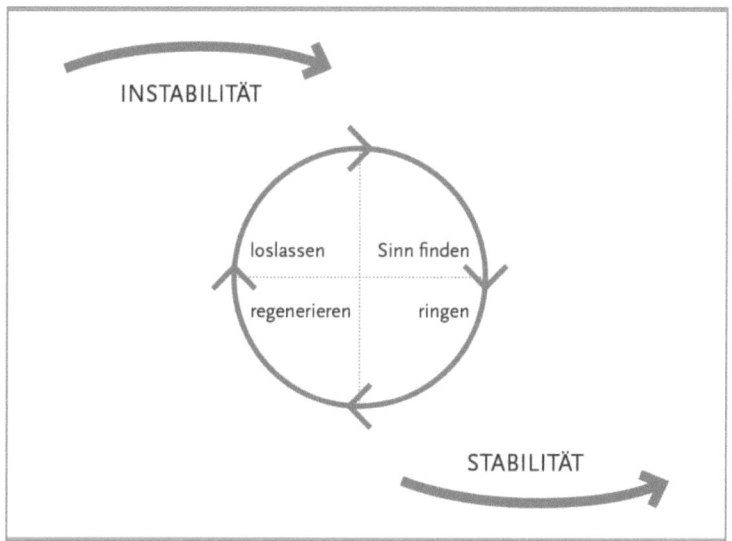

Die Motivationstheorie lehrt uns, wie wichtig die Sinnfrage für die intrinsische, von innen kommende Motivation eines Menschen ist. Folglich kann die Bewältigung einer Krisensituation nur dann erfolgreich sein, wenn für alle Beteiligten Hoffnungs- und Zielbilder transparent und nachvollziehbar sind und der Sinn des Handelns emotional befürwortet wird.

Sinn finden

Der erste Schritt in einer sinnhaften Krisenbewältigung ist eine daraus positive Einstellung und Grundhaltung. Diese gelingt es natürlich nur zu erreichen, wenn das Problem als solches angenommen und akzeptiert wird und sinnvolle Zukunftsszenarien definiert sind.

Abb. 10 Veränderungsmodell mit Sinnzirkel

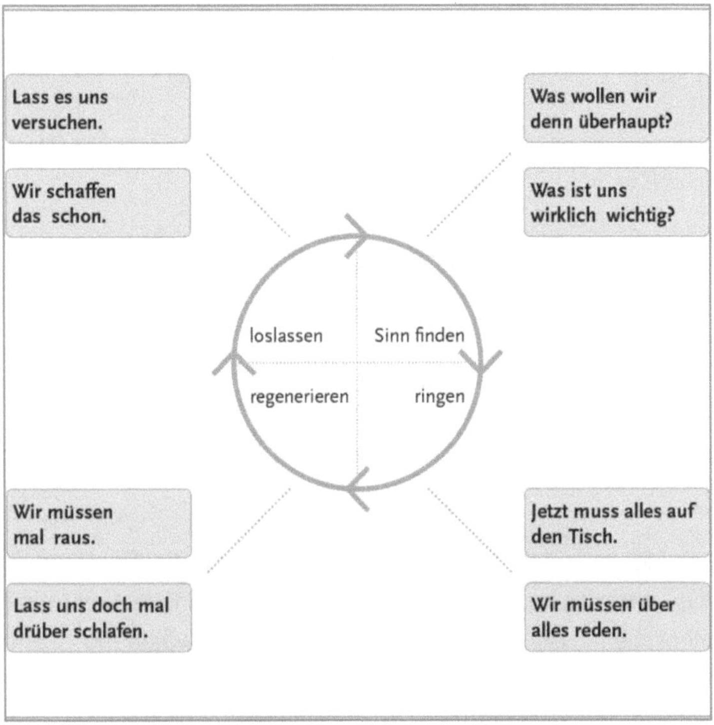

Natürlich muss man erst einmal bereit sein, das Problem wahr zu nehmen und es auch wahr haben zu wollen. Man muss sich und vor allem seinem Umfeld eingestehen, dass man ein Problem hat und man muss zu seiner eigenen Verzweiflung stehen. Das heißt, es bedarf der totalen Offenheit sich selbst und dem Umfeld gegenüber. Jetzt braucht es Raum und Zeit für die Entwicklung von Lösungen und Lösungsansätzen. Wichtig ist natürlich – und da sind wir bei der Sinnfrage – das Ziel, ein neues Ordnungssystem, in dem in Zukunft zufrieden gelebt werden kann, klar und deutlich vor Augen zu haben.

Hier sei sehr deutlich gesagt, dass dieses neue Ziel, der neue Zustand, nicht immer dem „Schneller-Höher-Weiter-Syndrom" entsprechen kann oder muss. Ein neuer Zustand kann ein anderer sein – und damit durchaus verbunden sein mit Verzicht.

Sinn bedeutet also nicht zwingend, im „Mehr" zu denken und zu handeln, sondern durchaus bewusst den einen oder anderen Verzicht zu leisten. Im Übrigen fällt diese Einstellung etwas leichter, wenn man bedenkt, dass alle Ressourcen dieser Welt, alles was uns umgibt, endlich ist und eben nicht unendlich steigerbar und vermehrbar!

Das Ringen

„Nur sprechenden Menschen kann geholfen werden"! Will ein Problem gelöst werden, erfordert das Erkenntnis und aktive Auseinandersetzung. In der Regel sind schwierige Krisenkonstellationen von Konflikten begleitet, da jeder, der in das Problem involviert ist, und jeder, der vom Problem tangiert ist, eine sehr individuelle Sichtweise der Dinge entwickelt hat. Differenzen und Konflikte müssen aufgegriffen werden, sie müssen angesprochen und durchaus auch konfrontativ diskutiert werden.

Alle Betroffenen, die in diese Krisensituation involviert sind, haben eine sehr individuelle Sichtweise der Dinge entwickelt. Differenzen und Konflikte müssen aufgegriffen werden, sie müssen angesprochen werden und durchaus auch konfrontativ diskutiert werden.

Die Regeneration

Was brauchen wir nun? Wir brauchen Kraft, um den Weg zu beschreiten, der zum Ziel, in den neuen Zustand, führt. Wir können aber nur Kraft schöpfen, wenn es uns gelingt, eine gewissen Distanz zu unserer Krise zu finden. Was hier hilft, ist ein „Helicopter-View", bei dem wir einmal aus den eigenen Schuhen heraustreten und versuchen, die Krisensituation aus der Distanz, sozusagen von oben, zu betrachten.

Zugegeben, das klingt leichter, als es wahrscheinlich ist. Dennoch, Abstand und Distanz sind wichtig, um einen unverstellten Blick auf unsere Situation zu erhalten. Ablenkung, andere Gedanken und die Beschäftigung mit anderen Themen können uns helfen, die innere Distanz zu gewinnen. Dieser Zustand unterstützt die Gär-, Schwel- und Suchprozesse, die im Unterbewusstsein an der Lösung und Sinnfindung weiter wirken.

Das Loslassen

Seneca sagte einst: „Man soll nicht hoffen, ohne zu zweifeln und nicht zweifeln, ohne zu hoffen". Wollen wir einen neuen Zustand erreichen, sind wir getragen von einer Hoffnung auf etwas anderes, Besseres. Dafür müssen wir uns von dem trennen, was wir im Augenblick haben – ohne jedoch zu wissen, was wir für diesen Verlust im Gegenzug erhalten.

Am Bild einer schwankenden Hängebrücke lässt sich dieser Zustand und Übergang beschreiben. Wir wissen, dass wir, um in den angestrebten Zustand zu kommen, über die Brücke müssen. Die schwankende Brücke bedeutet Instabilität in hohem Maße, da wir nicht wissen, ob die Brücke hält und ob es uns gelingt, unbeschadet auf die andere Seite zu kommen. Wir haben aber ein Hoffnungsbild und eine motivierendes Zielvorstellung – das macht uns zuversichtlich und risikobereit. Also gehen wir los und lassen das Alte hinter uns.

Für viele Menschen ist dieser Schritt des Loslassens nicht nur wegen der definitiv zu erwartenden Instabilität zur Zeit des Übergangs ein behinderndes Problem. Viel schlimmer ist für viele, das wir das Vergangene und das Jetzt exakt beschreiben, die Zukunft jedoch nur skizzieren, erahnen, antizipieren können. Aber niemals exakt beschreiben. Folglich begeben wir uns auf eine Reise der Instabilität in ein Land, das wir nicht kennen.

Je mehr wir jedoch einen tiefen Sinn in der Veränderung, im Wandel sehen, desto mehr Stabilität verleiht uns dieser Sinn auf unserer Reise.

Abb. 11 Mit dem Sinn zur neuen Stabilität

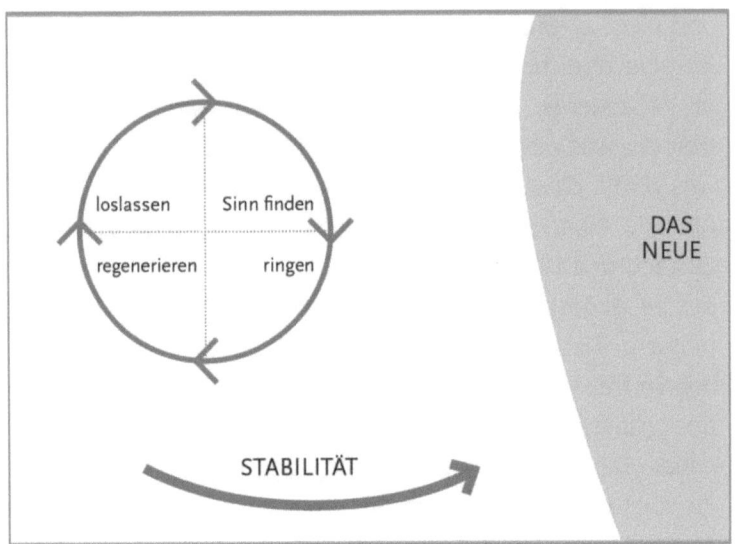

Je mehr Sinn wir dem neuen Zustand zuschreiben, desto stabiler gehen wir den Weg. Stabilität hilft uns hier auch, möglicherweise auftretenden Schwierigkeiten kraftvoll zu begegnen.

Wir werden die Instabilität nicht verhindern können, sie ist fester Bestandteil eines Veränderungsprozesses. Aber je sinnvoller und stabiler uns unser neues Ordnungssystem erscheint, desto unempfindlicher werden wir gegenüber Störungen und negativen Einflüssen. So kann sich DAS NEUE etablieren!

3.7. Der WEG durch Krisen

Zusammenfassend wollen wir den Weg durch eine Krise oder Veränderung noch einmal in einem kurzen Überblick anschauen.

Um den Weg in Veränderungsprozessen aktiv steuern zu können, bedarf es einer Sichtweise, die eher aus der Metaebene, also mehr aus übergeordnet subjektiver Perspektive, das Ganze betrachtet.

Nur so können wir verstehen, dass wir recht zwangsläufig durch die einzelnen Phasen gehen, bei deren Durchschreitung es uns unterschiedlich gut oder schlecht gehen kann.

Abb. 12 Das Veränderungsmodell in der Gesamtheit

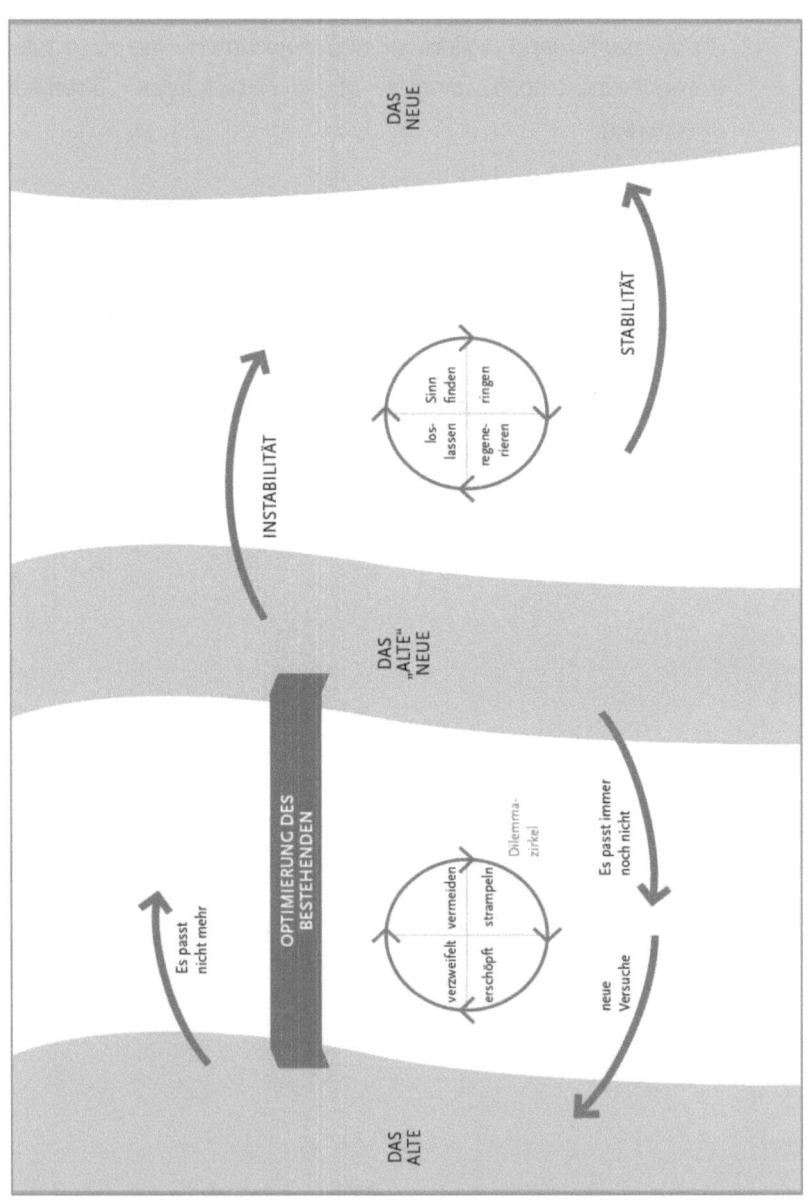

Im ersten Schritt versuchen wir, wenn wir mit unserer Situation nicht (mehr) zufrieden sind, das Bestehende – das Alte – zu optimieren. Das kann durchaus sinnvoll und praktikabel sein, wenn es dadurch gelingt, den alten, verbesserungswürdigen Zustand zu optimieren. Nicht immer, das sei deutlich gesagt, bedeutet eine notwendige Veränderung den grundlegenden Wandel von „Alt" nach „Neu".

Versuchen wir jedoch, etwas tatsächlich Marodes zu optimieren, werden wir viel Energie vergeblich aufwenden, ohne jedoch eine Verbesserung zu erreichen. Wir landen dann im Dilemma-Zirkel, eben jenem Zustand, den wir zunehmend als ausweglos und hochgradig frustrierend erleben.

Wie bereits beschrieben, müssen wir, um einen Veränderungsprozess aktiv anzugehen und aktiv steuern zu können, einen Grad der Instabilität in Kauf nehmen. In dieser Situation kann es vorkommen, dass wir phasenweise keinen Ausweg mehr sehen und sogar akzeptieren, an einem Punkt zu sein, wo eine Rückkehr in den alten Zustand nicht mehr möglich ist.

Instabilität bedeutet, alte Ordnungssysteme aufzugeben und nach neuen, sinnvollen zu suchen. Wir sind im Grunde genommen immer bestrebt, nach der besten Lösung zu suchen. Es ist aber nicht immer möglich, die beste Lösung zu finden. Deshalb müssen wir durchaus auch einmal bereit sein, die zweitbeste Lösung zu akzeptieren.

Abb. 13 Mit Faszination und Instabilität zu neuen Ufern

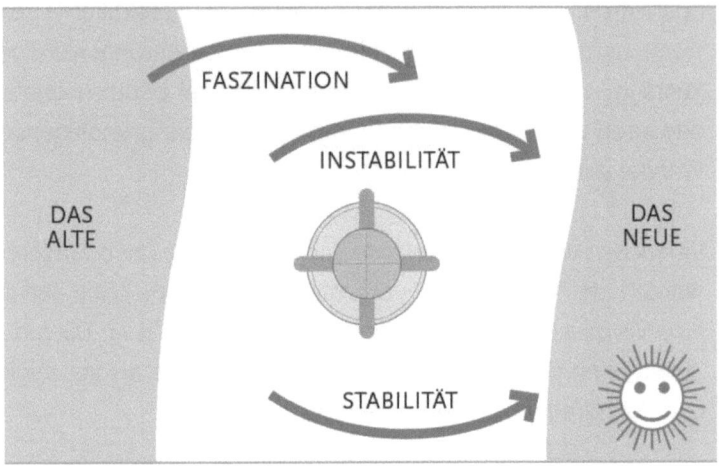

Es liegt fast in der Natur der Dinge, dass wir bestrebt sind, in Krisensituationen die beste Lösung für unsere Situation zu finden. Alle anderen Lösungsansätze werden frühzeitig verworfen, weil sie nicht unserem optimalen Lösungsszenario entsprechen.

Oftmals ist der Aufwand, die beste Lösung zu erreichen, so groß, dass er nicht gerechtfertigt ist oder die beste Lösung ist einfach unrealistisch, nicht möglich.

Deshalb kann es durchaus sinnvoll sein, einen Blick auf die zweit- oder gar drittbeste Lösung zu werfen und eine Abwägung des jeweils notwendigen Zeit- und Ressourceneinsatzes vorzunehmen.

Dabei steht uns manchmal unser ureigener Perfektionismus im Wege. Aussagen wie: „Das Beste ist gerade gut genug" oder „Warum das Zweitbeste nehmen, wenn man auch das Beste haben kann" beschreiben sehr schön diese Einstellung. Auch bei vielen Sportarten beschäftigen wir uns nur mit dem Sieger, dem Besten. Den Zweitplatzierten kennt man oft kaum noch, vom Drittplatzierten ganz zu schweigen!

Nach intensiver Abwägung kann aber die zweit- oder drittbeste Lösung die eigentlich beste sein, da der Aufwand, sie zu erreichen, vielleicht der optimalste ist. Haben wir also Vorstellungen von möglichen Lösungsszenarien – und sei es auch „nur" als zweit- oder gar drittbeste Lösung – verlassen wir den Dilemma-Zirkel und treten in den Sinnzirkel ein.

Abb. 14 Vom Dilemma-Zirkel in den Sinnzirkel

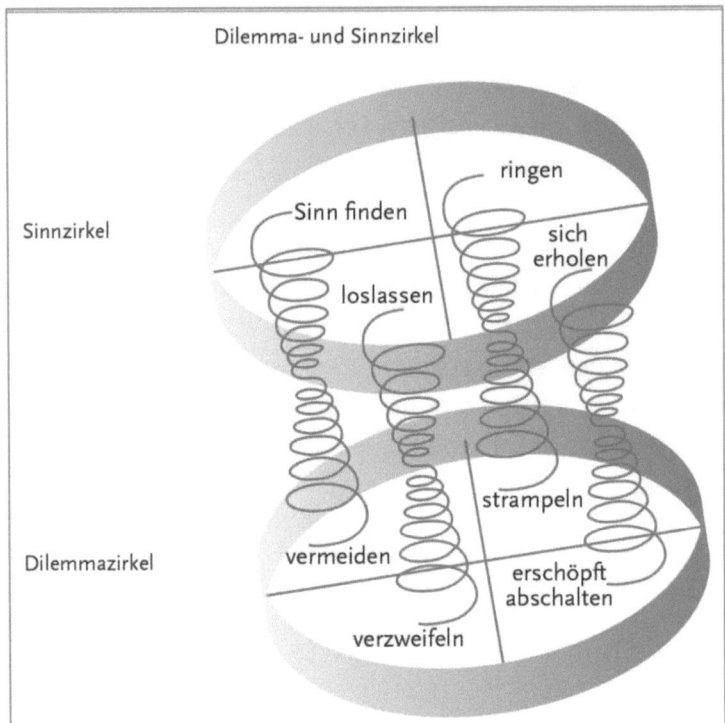

Dilemma- und Sinnzirkel

Sinnzirkel

ringen

Sinn finden

sich erholen

loslassen

strampeln

Dilemmazirkel

vermeiden

erschöpft abschalten

verzweifeln

© *Bernd Schmid, Christiane Gérard: Intuition und Professionalität. Systemische Transaktionsanalyse in Beratung und Therapie. Carl Auer Verlag 2008, Seite 81.*

Wir möchten hier noch einmal ausdrücklich erwähnen, dass wir immer wieder erlebt haben, dass Veränderungsprozesse z.B. in Unternehmen und Organisationen gescheitert sind, weil viele vom Wandel Betroffene nicht aus dem Dilemma-Zirkel heraustreten konnten, weil ihnen der Sinn (und Zweck) dieser

Veränderung schlicht und ergreifend nicht vermittelt worden war. Daher war es für sie unmöglich, den Übergang in den Sinnzirkel zu vollziehen.

Sinn bei Veränderungsprozessen bedeutet hier eindeutig, nicht irgendeinen, möglicherweise einen persönlich nicht nachvollziehbaren, Sinn zu vermitteln. Entscheidend ist, dass ein Individuum eine Veränderung nur dann aktiv trägt und vorantreibt, wenn die Person einen Sinn erkennt und sich damit tatsächlich identifizieren kann.

Realistischerweise werden wir in der prozessiven Übergangsphase zwischen Dilemma- und Sinnzirkel mehrfach hin und her springen. Eine Stabilität ergibt sich durch Ausprobieren möglicher Auswege und Lösungskonzepte und durch die Entwicklung immer wieder neuer Ansätze. Im Grunde genommen ist dies durchaus ein kreativer Prozess!

Können wir danach fragen, welchen Sinn die Corona-Krise gehabt hat? In vielen Gesprächen haben wir immer wieder gehört, dass die Besinnung auf die wirklich wichtigen Dinge des Lebens und die Würdigung und Wertschätzung unserer - als so selbstverständlich erlebten – Lebenssituation sehr wertvoll ist.

4   AUF GEHT´S – WIR MACHEN UNS AUF DEN WEG!

Um den Weg vom Alten zum Neuen aktiv zu gestalten und gehen zu können, brauchen wir ein möglichst klares Bild davon, wie das Neue aussehen wird. Je klarer unsere Vorstellung ist, desto größer wird unsere Energie und Motivation sein, diesen angestrebten Zustand zu erreichen.

Abb. 15 Das Veränderungsmodell

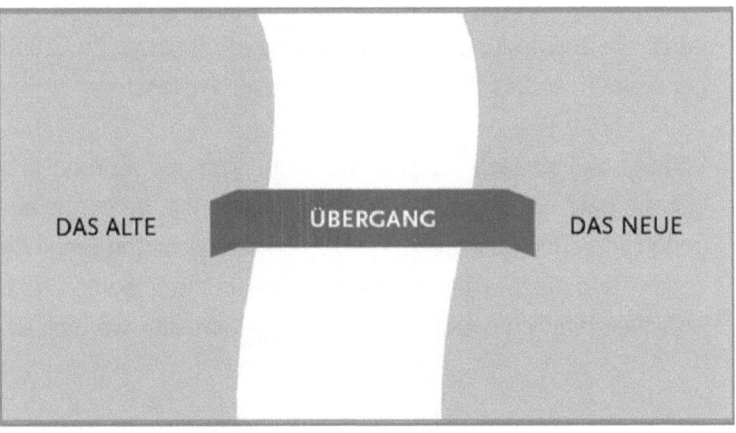

Eine vage Vorstellung als Antriebsfeder für unser Handeln ist sicherlich zu wenig. Was wir brauchen ist eine Imagination, ein deutliches, erinnerbares und immer wieder abrufbares Bild der Zukunft, die wir uns wünschen und vorstellen.

Es ist individuell sehr unterschiedlich, in wie weit Menschen in der Lage sind, angestrebte Zustände wirklich als konkrete Ziele und imaginäre Bilder vor ihrem inneren Auge entstehen zu lassen.
Diese Fähigkeit kann zum einen durchaus erlernt und geübt werden, zum anderen ist es auch eine gewisse Veranlagung und typische Steuerung durch die beiden Gehirnhälften.

Wie Sie wissen, ist unser Gehirn in zwei Hälften geteilt, die sehr unterschiedliche Funktionen haben. Die linke Gehirnhälfte ist Sitz unseres Sprachzentrums und denkt in verdichteten, abstrakten und wenig bildhaften Inhalten, also Begriffen, Wörtern und Zahlen. Rechnen ist eine der sehr typischen Funktionen der linken Gehirnhälfte, da hier konkrete Inhalte sinnvoll und logisch miteinander verknüpft werden.

Die rechte Gehirnhälfte dagegen denkt unmittelbar in sensorischen Inhalten, also beispielsweise in Bildern und visuellen Reizen und Inhalten. Sie denkt ganzheitlich und intuitiv und ist Sitz der Phantasie. Zeichnen und Malen sind typische Domänen der rechten Gehirnhälfte.

Abb. 16 Funktionalität der Gehirnhälften

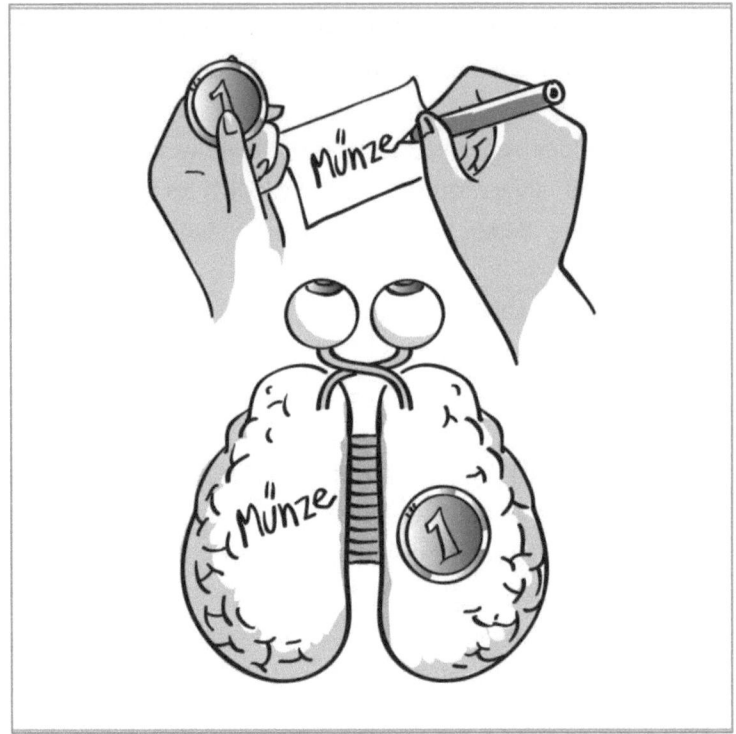

Wenn wir hier von Bildern, inneren Bildern und Imaginationen reden, wäre dafür im ganzheitlichen Sinne die rechte Gehirnhälfte zuständig. Es ist aber eine Vernetzung zwischen rechter und linker Hälfte notwendig, um nicht nur das Bild, sondern auch die hinterlegten zu diesem Bild Informationen abzuspeichern. Die Grafik macht es deutlich.

Die rechte Gehirnhälfte hat abgespeichert, wie ein Münze aussieht. Die linke Hälfte kann das Wort „Münze" lesen und schreiben. Die Vernetzung ermöglicht, wenn wir das Wort „Münze" lesen, uns einen Münze als Bild vorzustellen.

Das, was unser Gehirn in beiden Gehirnhälften verarbeitet und abspeichert, nehmen wir über unsere fünf Sinne auf. Die fünf Sinne nehmen aber nicht nur auf, sondern steuern auch im höchsten Maße unsere Emotionen. Die Sinne sind die Auslöser, die darüber entscheiden, ob es uns gut oder schlecht geht. Wenn es um Imaginationen geht, sind es ebenfalls diese Sinne, die uns nicht nur Bilder liefern, sondern auch Eindrücke der anderen Sinne zurückspiegeln.

Unser Gehirn lässt uns Dinge sehen (visuell), die eigentlich nicht da sind. Es lässt uns Geräusche hören (auditiv), die zur Zeit nicht zu hören sind. Wir fühlen etwas (kinästhetisch), das nicht da ist. Wir nehmen Gerüche wahr (olfaktorisch), die eigentlich nicht wahrnehmbar sind und wir schmecken (gustatorisch) Geschmack, der tatsächlich nicht vorhanden ist.

Das bedeutet, unser Gehirn speichert Sinneswahrnehmungen ab und ist in der Lage, uns diese Informationen zu gegebener Zeit wieder zur Verfügung zu stellen.

4.1. Das Neue – Ein Hoffnungsbild entsteht

Diese Wahrnehmungen können wir auch in die Zukunft gerichtet einsetzen und uns im Umgang mit Krisenbewältigung zu Nutze machen. Wenn wir ein Zukunftsszenario beschreiben, das wir uns als Optimalzustand nach einem Veränderungsprozess vorstellen, können wir das „linke-Gehirnhälftegesteuert" sehr logisch und analytisch ordnend tun. Das löst wenig Emotion und Faszination aus, da es sehr rational ist.

Emotionen und Begeisterung wecken wir, wenn wir Ziele, Wunschzustände und Zielbilder definieren. Wir beschreiben einen Zustand nicht nur visuell, sondern definieren Geräusche, stellen uns vor, wie sich der Zustand anfühlt, erleben Gerüche und bilden uns ein, wie es dort schmeckt.

Die Frage ist, wie innere Bilder – Hoffnungsbilder der Zukunft entstehen und was wir tun können, um diese in uns entstehen zu lassen. Innere Bilder abzulegen ist das eine, innere Bilder abzurufen das andere. Ganz etwas anderes ist, innere Bilder zu malen! Spontan würde man sagen, es braucht ein gewisses Talent, ein schönes Bild, das einem inneren Bild entspricht, auf Papier zu bringen. Wenn wir jetzt über innere Bilder und Hoffnungsbilder schreiben, geht es weniger darum, perfekte Bilder zu kreieren, sondern darum, Gedanken zu visualisieren.

Innere Bilder

Bevor wir zur eigentlichen Kreationsphase kommen, vorab etwas zu den „Inneren Bildern". Was sind „Innere Bilder"? Wenn wir an unsere Kindheit zurückdenken, tauchen unwillkürlich Bilder vor unserem inneren Auge auf. Das heißt, Erinnerungen werden visualisiert. Unsere rechte Gehirnhälfte ruft Erinnerungen als Bilder ab, die linke liefert die entsprechenden Zahlen, Daten und Fakten dazu. Ähnliches geschieht, wenn wir z.B. nach unserem letzten Urlaub gefragt werden. Auch hier erscheinen sofort Bilder. Es ist also kein bewusstes Abrufen dieser inneren Bilder, sondern ein intuitiver Prozess, den man jedoch auch gezielt einsetzen kann.

Eingängig und mit gewohnter Leichtigkeit eröffnet uns Gerald Hüther, ehemaliger Professor für Neurobiologie in Göttingen, die faszinierende Kraft der inneren Bilder und ihrer Kraft in unserem Leben: „Innere Bilder – das sind all die Vorstellungen, die wir in uns tragen und die unser Denken, Fühlen und Handeln bestimmen. Es sind Ideen und Visionen von dem, was wir sind, was wir erstrebenswert finden und was wir vielleicht einmal erreichen wollen. Es sind im Gehirn abgespeicherte Muster, die wir benutzen, um uns in der Welt zurechtzufinden. Wir brauchen diese Bilder, um Handlungen zu planen, Herausforderungen anzunehmen und auf Bedrohungen zu reagieren. Aufgrund dieser inneren Bilder erscheint uns etwas schön und anziehend oder hässlich und abstoßend. Innere Bilder sind also maßgeblich dafür, wie wir unser Gehirn benutzen."

Wir sind also, ohne dass uns das sehr bewusst erscheint, sehr stark von eigenen inneren Bildern beeinflusst und nehmen natürlich unsere Welt auch dementsprechend wahr.

Die inneren Bilder helfen uns aber nicht nur, uns zu erinnern, sondern auch, uns visionär ein Bild von der Zukunft zu machen.

Wie stark innere Bilder sein können, zeigen uns Albträume. Durch die Bilder, die man im Albtraum sieht, werden körperliche Reaktionen ausgelöst. Wir sehen Bilder, die nicht der Realität entsprechen und dennoch häufig heftigste körperliche Reaktionen hervorrufen, wie Herzklopfen, Schweißausbrüche und Angstzustände. Obwohl wir an einem der sichersten Orte der Welt sind – nämlich in unserem Bett – können wir dieser Welt kaum entfliehen. Die Fiktion gewinnt die Oberhand.

Auch in der Krisenbewältigung können wir mit derartigen inneren Bildern arbeiten. Albträume sind ein Beispiel dafür, welche Kraft in inneren Bildern stecken kann. Warum also nicht auch diese Kraft und Energie positiv nutzen?

Wie bereits beschrieben, verlassen wir bei der Krisen-bewältigung das bekannte und gewohnte Alte und brechen auf zu neuen Ufern, die wir nicht kennen und bestenfalls erahnen können. Um den Übergang möglichst motiviert und engagiert zu gestalten, brauchen wir Faszination, die wir aus inneren Bildern ableiten können. Dafür müssen wir erst einmal ein Zielbild – Hoffnungsbild entwickeln, ein kraftvolles und aufgeladenes Bild also, das darstellt, wie wir uns das Neue vorstellen.

Kraftvolle Zielbilder können zum Beispiel sein:

Der Leuchtturm könnte das Bild einer Krise sein, der den Betroffenen Orientierung gibt oder auch ein Bild für Eltern darstellen, die ihren Kindern Sicherheit geben und ihnen den Weg in den sicheren Hafen „leuchten".

Ein Strand, Sonne, Meer, das Rauschen der Wellen, eine leichte Brise und Palmen. Das wäre ein schönes Bild, um sich auf einen Urlaub vorzubereiten und sich darauf zu freuen.

Das Bild eines Segelschiffs könnte für ein Team stehen, dass gemeinsam Herausforderungen meistert oder auch für eine Familie, die gemeinsam Schwierigkeiten besteht.

Das Gipfelkreuz kann ein Leitbild für ein Unternehmen sein, dass eine Krise erfolgreich überwinden will oder auch symbolisch für die Bewältigung einer großen Herausforderung eines Menschen stehen.

Aufgabe
Schritt 1: Malen Sie ein Hoffnungsbild

Wir möchten Sie nun einladen, mit uns in diese Welt der Imagination, der Schaffung von Hoffnungsbildern, einzusteigen. Stellen Sie sich Ihre Situation/Krise vor und versuchen Sie zu definieren, wie eine Lösung, das Neue, optimalerweise aussehen könnte. Denken Sie möglichst breit und lösen sich vom Kernproblem. Erfassen Sie auch die Randbereiche und Abhängigkeiten.

Lassen Sie Ihren Blick in die Zukunft schweifen und malen Sie, was Sie hier gerne sehen möchten. Nutzen Sie Farben, Formen, Metaphern, Analogien, einzelne Wörter, Überschriften und Symbole, um Ihren Wünschen und Hoffnungen ein Bild zu geben. Es geht hier nicht um künstlerische und gestalterische Hochform, sondern um Ihr motivierendes Hoffnungsbild in Ihrer sehr persönlichen und kreativen Gestaltung.

Holen Sie sich einen großen Block, viele bunte Stifte und suchen Sie sich einen Platz, der Sie inspiriert und an dem Sie sich richtig wohlfühlen. Lassen Sie sich Zeit! Es geht um einen wichtigen Aspekt einer Lösung und der sollte Ihnen Zeit wert sein. Lassen Sie Ihrer Kreativität und Ihren Gedanken freien Lauf.

Sind Sie nun mit Ihrem Hoffnungsbild zufrieden? Entspricht es dem, wie Sie sich die Zukunft, die Lösung vorstellen? Gut!

Schritt 2: Fragen zum Hoffnungsbild

Bitte beantworten Sie folgende Fragen zu Ihrem Hoffnungsbild und notieren Sie stichwortartig Ihre Antworten. Während dieser Reflexion können Sie Ihr Bild gerne vervollständigen und Ergänzungen hinzufügen, falls es Ihnen sinnvoll erscheint.

- Ist es Ihr Hoffnungsbild oder spiegelt es die Lösungsansätze oder gar Erwartungen anderer wider?
- Sind alle Aspekte in Ihrem Hoffnungsbild berücksichtigt?
- Stellen Sie sich vor, Sie hätten das Ziel erreicht und sind in Ihrem Bild angekommen. Wie fühlt sich das an?
- Ist das Bild für Sie als Krisenlösung stimmig?
- Muss noch etwas verändert werden?
- Welche Symbole haben Sie verwendet und wofür stehen sie?
- Welche Emotionen löst Ihr Bild bei Ihnen aus?
- Ist es für Sie ein kraftvolles Hoffnungsbild?

Lassen Sie das Bild auf sich wirken. Lassen Sie auch Ihren Gedanken freien Lauf. Legen Sie das Bild eine Woche zur Seite und betrachten Sie es dann erneut.

- Wie wirkt es nach einer Woche auf Sie?
- Hat es noch die gleiche Kraft?
- Ist das Bild noch relevant?
- Würden Sie jetzt gerne etwas an Ihrem Hoffnungsbild ändern? Falls ja, tun sie es!

Suchen Sie nun eine Person Ihres Vertrauens und erklären Sie dieser Person Ihr Hoffnungsbild. Beschreiben Sie Ihre Gedanken bei der Erstellung und erläutern Sie Ihre Intention. Bitten Sie dann Ihre Vertrauensperson um ein ehrliches Feedback. Nutzen Sie das Feedback, um zu überprüfen, wie stimmig und realistisch Ihre Vorstellung vom Neuen tatsächlich ist.

4.2. Die Würdigung des ALTEN

Die Würdigung der Vergangenheit, unserer Herkunft, ist die Reflektion dessen, was wir mitnehmen wollen und was wir nicht mitnehmen können oder wollen. Wir betrachten das Alte und entscheiden, was das Positive am Alten war, was aufgebaut wurde und was erreicht worden war. Wir führen uns vor Augen, was uns in der Vergangenheit Sinn, Kraft und Motivation gegeben hat.

Wertschätzung des Alten heißt, „die Schätze" der Vergangenheit zusammenzutragen, anzuschauen und zu überprüfen, welche Schätze wir im Sinne der Lösung mitnehmen und welche wir zurücklassen.
Es gibt viele Beispiele aus dem alltäglichen Leben, bei denen wir diese würdigenden Abschiede feiern:

- Ist die Schulzeit beendet, das Studium oder die Ausbildung absolviert, wird auch hier gefeiert und Abschied von einem Lebensabschnitt genommen.

- So feiern wir Polterabende als gemeinsamen Abschied aus dem Junggesellendasein.
- Wir feiern Jubiläen, verabschieden uns von langjährigen Mitarbeitern und selbst Beerdigungen werden zelebriert.

All das sind Rituale, bei denen das Vergangene gewürdigt wird und bei denen man sich vom Vergangenen würdevoll verabschiedet. Mit jedem Abschied fängt ein neuer Abschnitt, das Neue, in veränderter Form an.

Die Würdigung des Alten, Vergangenen ist nicht nur ein Abschied, sondern auch eine besondere Form der Erinnerung. Die Schätze der Vergangenheit können reine Erinnerungen sein, also immateriell, aber durchaus auch dinglichen Charakter besitzen.

Überlegen Sie einmal, wie und mit welchen „Hilfsmitteln" Sie die Vergangenheit würdigen. Welche Erinnerungsstücke, Fotos oder Bilder haben Sie aufgehoben? Welche sind Ihnen besonders wichtig? Und – warum? Das sind die Schätze Ihrer Vergangenheit. Jede Beschäftigung mit ihnen würdigt die Vergangenheit.

Übrigens gibt es hier auch das Entgegengesetzte. Jeder von uns hat in der Vergangenheit auch Zeiten erlebt, an die wir nicht so gerne erinnert werden möchten. Haben Sie Erinnerungen an diese Zeiten aufgehoben? Wohl eher nicht! Das heißt, wir selektieren oft unbewusst die immateriellen und materiellen

Erinnerungen unserer Vergangenheit und bilden so unsere ganz persönliche Schatztruhe mit dem, was uns teuer und wichtig erscheint.

Reflektiert man in diesem Zusammenhang Zeiten, an die man eigentlich keine oder nur wenige positive Erinnerungen hat, so stellt man fest, dass es auch in diesen eher negativ erinnerten Lebensabschnitten „Schätze" gegeben hat.

Besonders auffällig wird dieses Phänomen, wenn man mit älteren Menschen spricht, die insgesamt einen eher frustrierten Eindruck machen. Fragt man sie, was in ihrem Leben schön war, was ihre „Schätze" der Vergangenheit sind, bekommt man oft als Antwort zu hören: „Eigentlich nichts!". Ihnen ist es folglich nicht gelungen, die positiven Aspekte ihres Lebens zu definieren. Als „Glas-halbleer-Denker" sehen sie nur das Negative und das beeinflusst ihre gesamte Sichtweise. Sie sind negativ gepolt!

Es hat also sehr viel mit der inneren Einstellung zu tun, ob ich meine Vergangenheit wertschätze und die positiven Aspekte extrahiere oder ob mich primär meine negativen Erfahrungen prägen.

Was sind heute die „Schätze" der Vergangenheit? Das erste Auto? Das eigene Haus? Die Werte wurden sehr stark materialisiert. In der heutigen „Schneller-höher-weiter-Gesellschaft" zählt oft nur der materielle Erfolg. Immaterielle Dinge wie das eigene Überleben, Gesundheit, satt zu sein, ein

Dach über dem Kopf zu haben und sich keine Gedanken über das Überleben seiner Liebsten machen zu müssen sind kein Thema mehr. Für die meisten ist das alles selbstverständlich! Kommen wir zurück zu Ihnen: Was sind Ihre „Schätze" der Vergangenheit? Was haben Sie als besonders positiv in Erinnerung und welches sind Ihre negativen Erinnerungen?

Möglicherweise muss man erst durch ein tiefes Tal, um den Weg des Aufstiegs und den Gipfel genießen und wertschätzen zu können?

4.3.   Unsere Emotionen in Krisensituationen

Es gibt schon einen gravierenden Unterschied, wie Menschen mit Krisensituationen umgehen und ihre Kompetenzen nutzen. Suchen die einen aktiv nach Lösungen, sind die anderen eher abwartend und passiv. Somit besteht hier ein Unterschied in der Herangehensweise an und in Krisensituationen.

Womit wir uns explizit noch gar nicht befasst haben, sind die Emotionen, die uns in solchen Situationen begleiten. Es gibt große Unterschiede darin, wie wir Krisen emotional erleben und welche Gefühle bei uns durch Krisen ausgelöst werden. Zwischen Freude und Frustration, zwischen Angst und Hoffnung gibt es viele Facetten. Emotionen können sowohl Auslöser, als auch ständiger Begleiter von Krisen sein.

Emotionen als ständige Begleiter

Gefühle sind gut und hilfreich, auch wenn sie manchmal als störend empfunden werden. Emotionen sind komplexe Verhaltensmuster, die im Laufe des Lebens herausgebildet und entwickelt wurden. Am Zustandekommen und am Ablauf emotionaler Vorgänge sind unterschiedliche Mechanismen der Verarbeitung beteiligt. Emotionen bewirken organsystemische Veränderungen wie erhöhten Hautwiderstand, Muskelreaktionen, Verspannungen, Zittern, Erweiterung oder Verengung der Pupillen, verstärkte Magen- und Darmtätigkeit, Schweißausbruch, höhere Herzfrequenz und schnellere Atmung.

Emotionen haben aber nicht nur physische Auswirkungen, sondern auch psychische und verhaltenssteuernde Komponenten. Und natürlich gibt es positiv erlebte Emotionen und solche, die negativ erlebt werden.

Mittlerweile hat man die „Neurobiologie des Glücks" wissenschaftlich erforscht und man weiß, dass Glück viel mehr ist, als einfach nur ein Zustand. Positive Emotionen wie z. B. Glücksgefühle werden durch den im Gehirn produzierten Botenstoff Dopamin ausgelöst, der wiederum zur Ausschüttung von Endorphinen führt. Diese Ausschüttung von Endorphinen ist gut für den Körper (und den Geist), so dass glückliche Menschen tatsächlich länger leben.

Ebenso sind glückliche Menschen erfolgreicher beim Lernen und bei ihrer Arbeit, weil Dopamin und Endorphine auch auf die

Aufnahmefähigkeit und Lernbereitschaft positive Einflüsse hat. Dazu kommt natürlich auch, dass glückliche und zufriedene Menschen in ihrem Umfeld hoch akzeptiert sind, weil sie beliebter, geselliger, weniger aggressiv und weniger egoistisch sind.

Negative Emotionen sind nicht grundsätzlich schlecht. Durch z.B. Angst oder Wut haben wir bzw. unsere Vorfahren gelernt zu überleben, Gefahren zu erkennen und Konflikten jedweder Art zu begegnen. Auch Stress und Druck können durchaus positive Aspekte haben. Es gibt Menschen, die brauchen einen bestimmten „Ladedruck", um überhaupt „in die Gänge zu kommen". Und das ist notwendig, um Erfolge zu erzielen und die machen ja dann wieder glücklich!

Gefühlsentwicklung in einem Krisenprozess

Abb. 17 Das Gefühlsbarometer

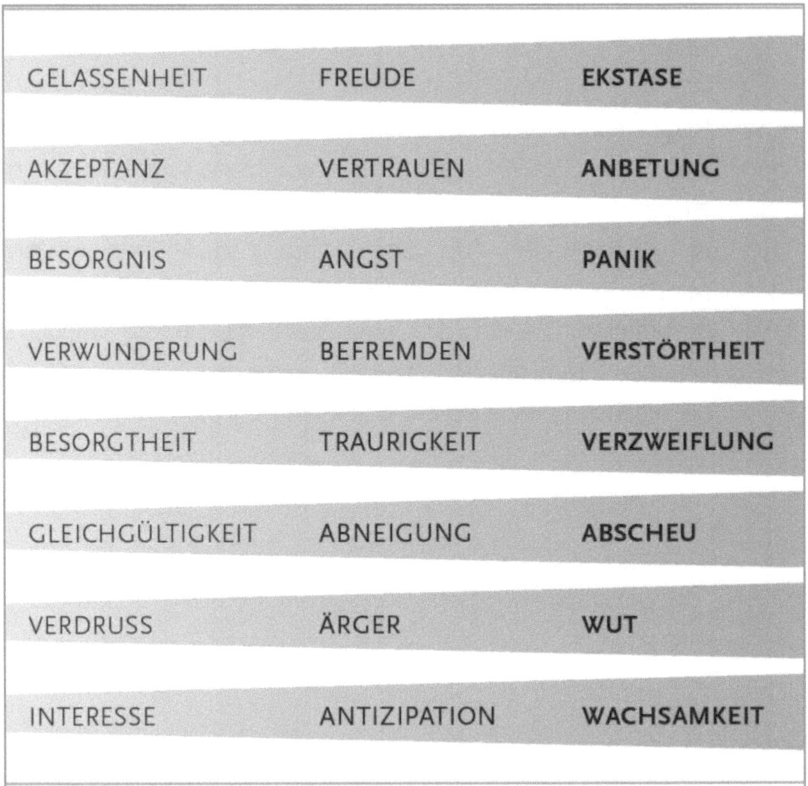

GELASSENHEIT	FREUDE	EKSTASE
AKZEPTANZ	VERTRAUEN	ANBETUNG
BESORGNIS	ANGST	PANIK
VERWUNDERUNG	BEFREMDEN	VERSTÖRTHEIT
BESORGTHEIT	TRAURIGKEIT	VERZWEIFLUNG
GLEICHGÜLTIGKEIT	ABNEIGUNG	ABSCHEU
VERDRUSS	ÄRGER	WUT
INTERESSE	ANTIZIPATION	WACHSAMKEIT

Emotionen und ihre Abstufungen (in Anlehnung an Robert Plutchik)

Diese Grafik „ordnet" Emotionen und zeigt verschiedene Abstufungen dieser Gefühle. Anhand einiger Beispiele möchten wir aufzeigen, wie sich ein initiales Grundgefühl in einer Krise entwickeln kann.

84

Stellen Sie sich einen Menschen vor, der gerade erfahren hat, dass er, beispielsweise ausgelöst durch die Corona-Krise, in die Arbeitslosigkeit entlassen wird. Viele Menschen reagieren häufig sehr besorgt und sind ob der ungewissen Zukunft beunruhigt. Bei ausbleibender Änderung dieser Situation verschärft sich die Besorgtheit in tiefe Traurigkeit. Die negative Emotionalität schaukelt sich hoch. Kommt dieser Mensch aus dem Stadium der Traurigkeit nicht heraus, wird aus Trauer lähmende Verzweiflung. Der Dilemma-Zirkel ist perfekt, die Ausweglosigkeit arrangiert.

Wenn ein Unternehmer in einer Krise feststellen muss, dass seine Umsätze drastisch einbrechen, wird er sehr besorgt sein. Hält dieser negative Trend weiter an, wird aus Besorgnis Angst. Ändert sich dann immer noch nichts und kann der Unternehmer die Umsatzverluste nicht kompensieren, wird aus purer Angst hochemotionale Panik. In einem solchen Fall ist übrigens bemerkenswert, wie die rationale Handlungsfähigkeit zunehmend verloren geht. Im Zustand der Besorgnis ist die Handlungsfähigkeit noch groß, weil sich die Emotionalität auf geringem Niveau bewegt. Bewegt sich die Emotionalität in Richtung Angst, nimmt die Handlungsfähigkeit in gleichem Maße ab. Ist der Zustand höchster Emotion erreicht, die Panik, ist ein Mensch kaum noch rational handlungsfähig, sondern reagiert nur noch instinktiv – emotional „out of control"!

Wir wissen auch, dass in vielen Organisationen und Unternehmen oft eine unklare Kommunikation herrscht. Das ist besonders häufig in Umstrukturierungsmaßnahmen oder Krisen der Fall.

Schauen wir auf das, was bei Mitarbeitenden ausgelöst wird: Erst einmal sind die Mitarbeitenden verwundert, weil der alte Zustand (warum auch immer ?!) nicht mehr existieren soll und der neue Zustand nicht klar definiert ist (wie auch!). Mit der Zeit wird aus Verwunderung Befremden, weil die Mitarbeitenden feststellen, dass scheinbar ohne klares Ziel weitergearbeitet wird und die (Arbeits-)Welt, wie im Zustand der Verwunderung antizipiert, nicht untergegangen ist. Wenn es dann so weiter geht, entwickelt sich bei den Mitarbeitenden eine mehr oder weniger stark ausgeprägte Verstörtheit, weil all das, was sie sich – im Guten wie im Schlechten – ausgemalt hatten, nicht eingetreten ist. Die ehemaligen Kommunikatoren tun jetzt oftmals so, als hätten sie vorher alles gewusst. Bleibt das so, bleibt auch die Verstörtheit. Was dann fehlt, sind übrigens Akzeptanz und Identifikation.

Auch für positive Emotionskaskaden möchten wir einige Beispiele aufzeigen.

Wird z.B. in einem Unternehmen eine neue, gut funktionierende Software eingeführt, findet diese erst einmal Akzeptanz. Bestätigt sich, dass die Software wirklich gut und sicher arbeitet, wird aus Akzeptanz Vertrauen. Das heißt, man akzeptiert die Software nicht nur als neues Arbeitsmittel, sondern man vertraut ihr tief. Nach einer Zeit des Vertrauens – sofern dieses Vertrauen nicht erschüttert oder enttäuscht wird, wird aus Vertrauen „Anbetung". Anbetung bedeutet hier in diesem Beispiel: Ich will ohne diese Software nicht mehr arbeiten und kann mir dies auch nicht mehr vorstellen.

Ähnlich wäre es, wenn ein Unternehmen eine neue Maschine anschafft, die Arbeitsabläufe deutlich vereinfacht. Hier stößt man auch zunächst auf Akzeptanz, denn es macht Sinn, eine solche Maschine in den Arbeitsprozess zu integrieren. Die Mitarbeiter werden den Einsatz akzeptieren, aber kritisch beobachten. Bestätigt sich, dass sie durch die Maschine entlastet werden, fassen sie Vertrauen. Wird dieses Vertrauen im Zeitverlauf wiederum bestätigt, kommt auch hier der Zeitpunkt „Anbetung", an dem sich kein Mitarbeiter mehr vorstellen kann, ohne diese Maschine zu arbeiten.

Wenn Sie sich die Grafik noch einmal ansehen, werden Sie feststellen, dass die Eskalation, sowohl in positiven, wie auch in negativen Emotionen, von links nach rechts läuft. Rechts steht immer die höchste Stufe der Eskalation.

Was bei den meisten Gefühlen zutrifft, ist, dass die rationale Steuerungsfähigkeit von links nach rechts abnimmt. Auf der unteren Eskalationsebene ist die Fähigkeit, sich selbst, andere oder das Umfeld zu steuern und zu beeinflussen, noch recht hoch, ganz rechts ist sie in vielen Fällen nur noch rudimentär existent. Das bedeutet:

 Je mehr Emotionen entstehen und wachsen, desto mehr verlieren wir unsere Steuerungsfähigkeit.

Es sind aber nicht nur diese „großen" Emotionen, von Liebe und Zuneigung ganz zu schweigen, denn da gefällt es uns ja sogar, wenn wir die Kontrolle auch einmal verlieren, sondern es sind auch die „unauffälligen" Emotionen, die uns im Alltag begleiten und die in starker Ausprägung unsere Steuerungsfähigkeit einschränken.

Wie Emotionen unser Verhalten beeinflussen

Ganz generell wird unser Leben viel mehr von Emotionen gesteuert, als uns vielleicht bewusst ist. In vielen Lebenssituationen gilt der aus der Verkaufspsychologie bekannte Satz: „Emotion entscheidet, Ratio begründet". Wir entscheiden emotional und begründen diese Entscheidung rational.

Lassen Sie uns das an einem Beispiel verdeutlichen: Sie kaufen sich z. B. spontan eine Bluse oder ein Hemd. Dieser Kauf, ein Spontankauf, ist gesteuert von einem Gefühl der Lust und Laune. Die Bluse oder das Hemd gefällt Ihnen, deshalb kaufen sie es. Hinter dem Kauf steht kein rationales Bedürfnis, denn Sie haben bereits eine Bluse oder ein Hemd! Wird man nun gefragt, warum man das Kleidungsstück gekauft hat, nennt man vornehmlich rationale Begründungen. Dies können sein: Es war günstig, das passt sehr gut, so eine Bluse oder so ein Hemd habe ich noch nicht – alles rational!

Ähnlich verhält es sich mit der Verbindung Mensch – Produkt. Sie sind in einem Geschäft und möchten ein Produkt kaufen. Der Verkäufer ist Ihnen unsympathisch. Kaufen Sie? Anders herum: Sie sind in einem anderen Geschäft, möchten wieder ein bestimmtes Produkt kaufen. Der Verkäufer ist Ihnen sympathisch. Das Kaufen wird deutlich wahrscheinlicher.

Wären wir wirklich rein rational gesteuerte Menschen, wäre dann in vielen Bereichen ein so breites Produktangebot notwendig? Nein! Denn rational betrachtet brauchen wir alle deutlich weniger, als wir besitzen. Wie viel Paar Schuhe braucht ein Mensch, wie viele Hosen, Röcke, Blusen, Hemden etc.? Brauchen wir tatsächlich das Auto, das wir fahren? Diese Fragestellungen könnte man endlos fortsetzen, aber wir möchten hier nicht in die Diskussion über Luxusgüter eintreten.

 Es ist uns nur wichtig aufzuzeigen, dass wir Menschen deutlich weniger rational agieren, als wir denken oder denken möchten.

Betrachten wir typische, durch Emotionen ausgelöste Verhaltensmuster in Veränderungsprozessen und Situationen der Veränderung oder gar in Krisen, so lässt sich auch hier zwischen eher positiven und negativen Verhaltensmustern unterscheiden. Man merkt Menschen in ihrer Haltung und in ihrer Kommunikation an, wie sie gerade emotional aufgestellt sind.

Greifen wir einige von ihnen einmal beispielhaft heraus. Die Reaktionen, die wir kommentieren werden, beziehen sich auf eine tiefgreifende strukturelle Veränderung in einem Unternehmen, die durch eine Wirtschaftskrise ausgelöst worden ist.

Negative Verhaltensmuster:

Besorgt, beunruhigt: „Kann ich es schaffen?"
„Warum gerade ich?"
„Behalte ich meinen Arbeitsplatz?"

Verärgert: „Schon wieder etwas Neues!"
„Als hätten wir nicht schon genug am Hals!"
„Wer hat sich den Mist ausgedacht?"

Gleichgültig, ungerührt: „Das sitzen wir aus!"
„Mir kann doch nichts passieren!"
„Hauptsache, man lässt mich in Ruhe!"

Arrogant, distanziert: „Die da oben müssen es ja wissen!
„Das haben sich genau die Richtigen ausgedacht!"
„Mal sehen, was die anderen machen!"

Ängstlich, eingeschüchtert: „Bloß keine Fehler machen!"
„Hoffentlich geht das gut!"
„Besser nichts entscheiden!"

Positive Verhaltensmuster:

Neugierig, interessiert: „Klingt gut!"
„Das ist spannend!"
„Das machen wir!"

Überrascht, erstaunt: „Ok, ich bin offen für alles!"
„Wenn Sie meinen!"
„Habe ich zwar noch nie gemacht,
aber„

Eifrig, begeistert: „Tolle Idee!"
„Habe ich auch schon daran gedacht!"
„Ich habe da mal etwas vorbereitet!"

Vertrauensvoll: „Das wird schon gut gehen!"
„Wir können das ja gemeinsam
machen!"
„Zusammen schaffen wir das!"

Selbstsicher: „Kein Problem!"
„Das hätte von mir sein können!"
„Da bin ich genau der Richtige!"

Zu solchen Aussagen und Statements kommt dann meistens die korrespondierende Körpersprache, die das Gesagte anschaulich untermalt. So verleihen wir unseren Gefühlen sowohl verbal, als auch nonverbal Ausdruck.

Aber Gefühle sind und bleiben: Sehr, sehr individuell. Es sind subjektive Befindlichkeiten, die Wahrnehmung, Antrieb, Willen, Denken, Lernen, Gedächtnis, Entschlüsse, Handlungen, Vorsätze usw. beeinflussen. Da, wo der eine Mensch glücklich und zufrieden ist, kann der andere durchaus kreuzunglücklich sein. Man hat in der neurobiologischen Forschung sogar eine Skalierung entwickelt, auf der abzulesen ist, wie glücklich ein Mensch ist. Aber auch das ist nur ein individueller Wert.

4.4. Die Krise als Problem

Wir wollen hier auf Krisen und Veränderungen eingehen, die nicht, oder nur schwer, positiv erlebbar sind. In starken Krisen wie zum Beispiel in der Corona-Krise haben die meisten Menschen die gesamte Situation und insbesondere den Lockdown nur noch als Problem gesehen.
Auch diese Veränderungen stellen eine besondere Herausforderung dar, weil sie nicht gewünscht und angestrebt wurden.

Wann stellt eigentlich eine bestimmte Situation ein „Problem" dar? Sprachlich kommt es aus dem Griechischen próblema und bedeutet recht wertfrei: das, was vorgelegt wurde. Man könnte ergänzen das was zur Lösung vorgelegt wurde. Ganz simpel ausgedrückt ist ein Problem also etwas, was nach einer Lösung verlangt. Es bedeutet nicht, dass eine Lösung nicht möglich wäre!

Natürlich sind nicht alle Probleme lösbar, dennoch kann aus einem Problem ein anderer Zustand erwachsen, der wiederum das Problem in einem anderen Licht erscheinen lässt. Also ein geänderter Zustand als Lösung. Können Sie uns noch folgen? Es muss kein anderer räumlicher Zustand sein, sondern der Mensch kann seinen Zustand der Betrachtung ändern und sich auf die Abenteuerreise in die Lösung begeben. Diese Lösung kann entweder eine echte Lösung sein, sie kann aber ebenso in einem „Bescheiden" bestehen, in dem man den als Problem betrachteten Zustand als gegeben annimmt und sich mit ihm arrangiert.

Nehmen Sie hier das Beispiel eines schwer Kranken:
- Er kann seine Krankheit akzeptieren, aber nichts tun.
- Er kann seine Krankheit leugnen und still leiden.
- Er kann seine Krankheit bewusst annehmen und gegen sie kämpfen.
- Er kann seine Krankheit bewusst annehmen und mit ihr bewusst leben.

Kommen wir aber nun zu Situationen, in denen die „Soll"-Situation einen Zustand darstellt, der alles andere als gewünscht ist. Auch hier sind Emotionen im Spiel. Diese Emotionen sind aber nicht positiv geprägt, sondern intensiv negativ. Sie stehen uns förmlich im Wege. Und, manchmal verbauen sie uns auch schlicht und ergreifend die Sicht auf die Lösung.

Diese Emotionen sind teilweise so intensiv und groß, dass man sie bezwingen muss, wie ein Bergsteiger einen Gipfel. Um im Bild zu bleiben: Ein Bergsteiger, der gar nicht versucht, den Gipfel zu besteigen, wird auch nicht entscheiden müssen, ob er für den Abstieg den gleichen Weg wie für den Aufstieg nimmt oder den Weg auf der anderen Seite des Berges. Vielleicht liegt die Lösung, oder die nächste Herausforderung, gerade auf der anderen Seite!

In diesem Zusammenhang ergeben sich folgende Fragestellungen:

- Wie bewerte ich die jetzige Situation – das „Ist"?
- Wie bewerte ich den gewünschten Zustand - das „Soll"?
- Wie empfinde ich meine körperliche Verfassung?
- Welche Emotionen spüre ich?
- Welche Emotionen leiten mich?
- Verlasse ich das „Ist" gerne?
- Wie sehr freue ich mich auf das „Soll"?
- Welche Energien spüre ich?
- Welche Handlungsoptionen habe ich?
- Gehe ich den Weg alleine?
- Wer begleitet mich?
- Welche Zeit brauche ich, um vom „Ist" zum „Soll" zu gelangen?
- Welche „Brille" trage ich?

Welche persönliche Situation verliert der Mensch und wie ist die neue Situation, die nicht angestrebt wurde, aber trotzdem unausweichlich kommt?

Diese „Soll"-Zustände können sowohl selbstbestimmte als auch fremdbestimmte Ursachen haben. Es kann also sein, dass man etwas verändern wollte und das Ergebnis lediglich nicht so wie erwartet ist - oder dass man fremdbestimmt verändert wurde.

Die nachfolgende Grafik beschreibt den Unterschied zwischen dem „Ist-" und dem „Soll-Zustand", der negativ erlebt wird.

Der Sollzustand entspricht bei dieser Betrachtung nicht den Wünschen und Bedürfnissen der Person, sondern weicht von dessen Idealvorstellung ab. Die Bewertung der beiden Zustände führt zu Emotionen. Der Unterschied wird nicht als positiv aufgeladene Herausforderung gesehen, sondern geradezu als Negativszenario. Die Gefühle sind entsprechend: Frustration, Blockade, Stress, Angst, Sorge etc. Die Brille, durch die man schaut, ist wahrlich nicht rosa-rot!

Abb. 18 Die Bewertung macht den Unterschied – pessimistisch

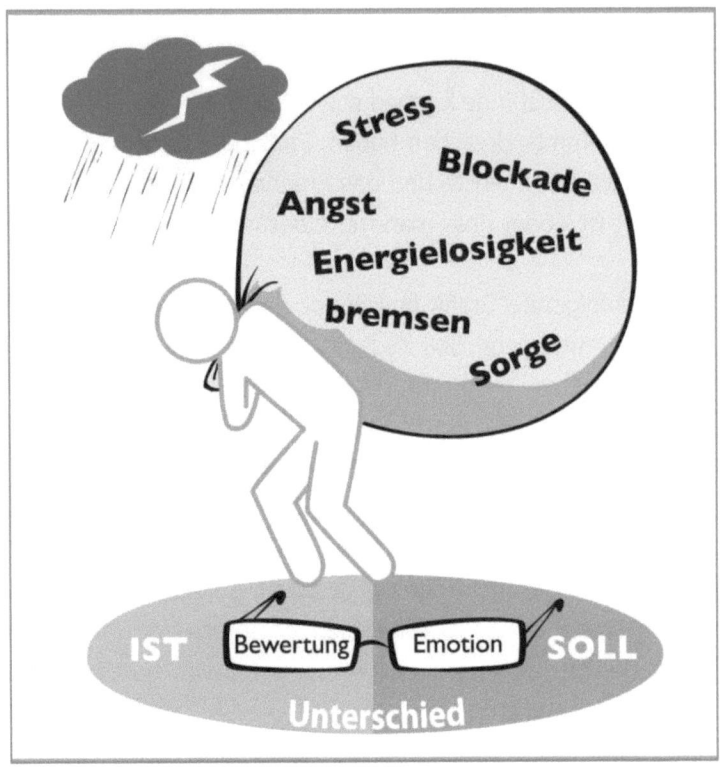

Solche negativ getriggerten Emotionen haben eine ganz besondere Eigenschaft: Sie bremsen. Sie bremsen den Geist, sie bremsen den Körper, sie vernichten Energie und verwandeln Energie in energievernichtende Schwingungen.

Manchmal geht im Leben etwas schief und es läuft anders als erwartet – so wie in der Corona Krise und den damit verbundenen Folgen. Es passiert, dass Menschen ihren Job verlieren oder in Kurzarbeit gehen müssen. Das passiert nicht wirklich freiwillig!

Wechselt man beispielsweise freiwillig den Job, würde das niemand tun, wenn er vom „Soll" nicht erwarten würde, dass es noch besser wird, als es vorher war. Die Realität kann aber grausam und ungerecht sein. Stellt man dann nach Wochen oder Monaten fest, dass das Alte, das ehemalige „Ist", eigentlich besser war, weil die antizipierte Verbesserung nicht wie erwartet eingetreten ist. Das Alte – Vergangene ist nicht wiederherstellbar. Auch in solchen Fällen ist die Frustration sehr groß, weil man sich einfach verschätzt, verkalkuliert hat.

Ganz schlimm kommt es, wenn das „Ist" schon schlecht ist und die Veränderung einen Zustand herbeiführt, der noch schlechter ist. Also eine Entwicklung auf der Negativspirale nach unten. So etwas kann vorkommen, wenn es z.B. in einer Kriegsregion zusätzlich noch Naturkatastrophen gibt. Oder zu einer ernsthaften Erkrankung kommen weitere hinzu. Im Unternehmenskontext kann es z.B. passieren, dass ein schlechter Chef durch einen noch schlechteren ersetzt wird. Man kommt also „vom Regen in die Traufe". Man meint, dem einen Schicksal entrinnen zu können, um dann auf der Flucht einem noch schrecklicheren Schicksal zu begegnen.

Wie gehen wir mit solchen Situationen um? Wie kommen wir aus der Talfahrt ins Unglück heraus? Es wäre genauso einfach wie falsch zu sagen: „Ändern Sie Ihre Sichtweise und sehen Sie das Ganze positiv!" Man muss aktiv sein und versuchen Wege aus der nicht gewollten „Soll"-Situation zu finden. Kann man die Situation nicht ändern, muss man versuchen, eine neue Sichtweise zu schaffen, die für den oder die Betroffene wieder eine positive Perspektive bietet.

Was grundsätzlich vermieden werden sollte, sind „Self-fullfilling-prophecies" wie: „Geht sowieso nicht!" „Das kann keiner schaffen!"
Solche Aussagen sind mehr als reine Lippenbekenntnisse, spiegeln sie doch die innere Haltung wider, mit denen der Mensch an bestimmte Situationen und Gegebenheiten herangeht.

Widerstände in Krisen sind völlig „natürliche" Reaktionen und eine Abwehrhaltung gegen die von außen bestimmten Impulse. Man will die Krise nicht und man wehrt sich gegen alles, was von außen herangetragen und gewollt wird. Gründe für Widerstand können Ängste, Überforderung, Stress, Unsicherheit und Perspektivlosigkeit sein.
Diese Widerstände werden in Krisenphasen meist als negativer Begleiter und als Blockaden erlebt, die es frühzeitig zu unterdrücken und abzuschalten gilt. Widerständige Menschen, Widerstandskämpfer, werden abgewertet und als Blockierer, ewig-Gestrige und Querulanten bezeichnet. Sie stören halt den Prozess!

Folglich weisen Widerstände auf Überlastungen oder Unterlassungen hin und sollten deshalb sehr ernst genommen werden. Werden sie beachtet, geben sie Aufschluss darüber, was in Krisenphasen außer Acht gelassen wurde.

Hier liegen die Gründe vielmals nicht in der Krise an sich, sondern an mangelnder Kommunikation und Intransparenz. Ist der Sinn von Krisenmaßnahmen nicht schlüssig und wurde es nicht ausreichend kommuniziert, wird der Prozess nicht getragen und es entstehen Widerstände.

4.5. Die Krise als Herausforderung

Es gibt durchaus Menschen, die Krisen und Veränderungen und damit verbundene Prozesse, als echte Herausforderung sehen. Vielleicht zählen sie ja auch dazu!

Ist man in der Lage, Veränderung und Krisen als Herausforderung zu betrachten, sieht man mit Respekt würdigend auf das „Ist", das bald Vergangene, zurück und blickt mit Zuversicht in die Zukunft auf das „Soll". Es kommt stark auf den eigenen Blickwinkel und die eigene Wahrnehmung an, ob wir diesen Übergang, den Unterschied zwischen „Ist" und „Soll" tatsächlich positiv bewerten.

Abb. 19 Die Bewertung macht den Unterschied – optimistisch

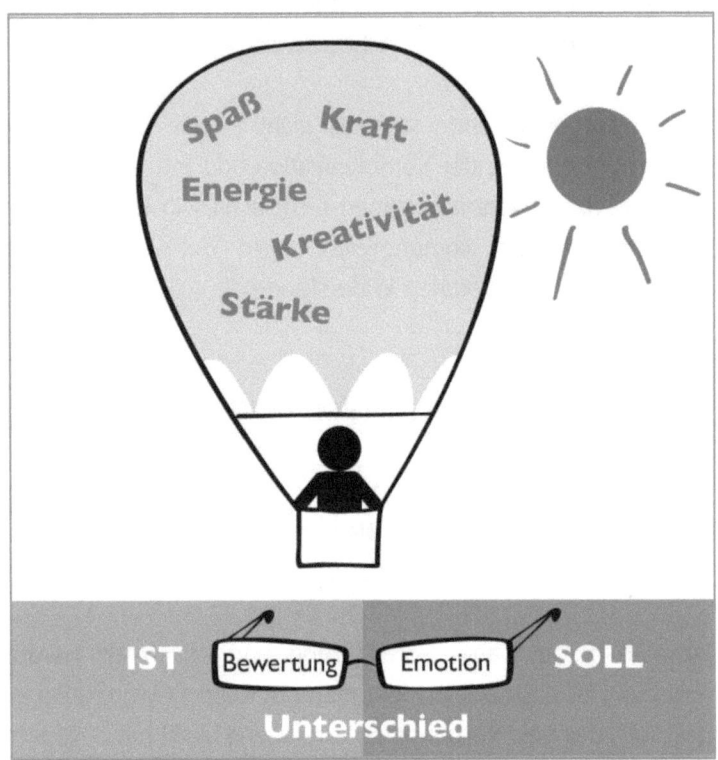

Die Abbildung beschreibt den Unterschied zwischen „Ist" und „Soll", den Weg, den es zu beschreiten gilt. Entscheidend für die Qualität des Übergangs, die eigene Bewertung und die Emotionen, die einen Menschen treiben, ist die Sichtweise, die „Brille", durch die man schaut. Die sprichwörtliche rosa-rote Brille lässt die Situation in positivem Licht erscheinen.

Die Emotionen, die die Motivation tragen, sind positiv: Spaß, Energie, Kraft, Freude, Stärke, Kreativität. Setzt man hingegen eine dunkel getönte Brille mit verändertem Blickwinkel auf, verändert sich nicht nur die Sichtweise, sondern auch die emotionalen Triebfedern ändern ihre positive Aufladung in eine negative.

Wie ein Mensch mit Veränderungen umgeht, hängt jedoch nicht nur von seiner Persönlichkeit ab, sondern auch vom sozialen System, in dem er lebt und den Werten und Normen, die ihm vermittelt wurden und letztendlich ebenso von den Erfahrungen, die er – insbesondere in Bezug auf Veränderungen – gemacht hat.

Die Motivation, eine Krise als Herausforderung anzunehmen, steht zusätzlich im Zusammenhang mit der persönlichen Bewertung der Ausgangs- und Zielsituation:

Sehr positiv und förderlich für die Motivation eines Menschen ist es, wenn das „Ist" schon gut war und das „Soll" noch besser werden wird oder kann. Ein Leistungssportler, der bereits Europameister ist sieht den Weltmeistertitel als das „Soll", den nächsten Schritt. Ein Abteilungsleiter, der anerkannter Weise hervorragende Arbeit leistet, wird sein „Soll" als den nächsten Schritt auf der Karriereleiter definieren. Ein Projektleiter, der sein Projekt erfolgreich abgeschlossen hat, wird als „Soll" ein größeres, wichtigeres Projekt sehen. Folglich sind diese Veränderungen als positive Entwicklungen zu sehen – es geht weiter!

Erachtet man das „Ist" als schlecht und bietet das „Soll" eine positive Perspektive, ist auch das eine positive Entwicklung. Ein Sportler etwa, der im „Ist" an einer Verletzung herumlaboriert, wird als „Soll" die Rückkehr zu seiner Leistungsfähigkeit sehen. Arbeitet ein IT-Manager mit einer schlechten, unbrauchbaren Software ist das „Soll" für ihn klar: eine neue, funktionierende Software. Ein Arbeitsloser wird mit seiner „Ist"-Situation in den wenigsten Fällen zufrieden sein. Sein „Soll" heißt Wiedereingliederung in den Beschäftigungsprozess.

Wir hoffen, hier wird deutlich, dass diese Herausforderungen eindeutig positiv belegt sind, weil das „Soll" eine Weiterentwicklung und Verbesserung des „Ist"-Zustandes ist. Insofern wundert es nicht, dass diese Menschen von einer positiven Energie getragen werden.
Je größer übrigens der Unterschied zwischen „Ist" und „Soll" ist, desto größer ist auch die energetische Aufladung. Ein zusätzlicher Leistungskick kann ausgelöst werden, wenn andere Menschen dem Protagonisten diese Leistung nicht zutrauen und es dann auch noch verbal zum Ausdruck bringen.

Fassen wir zusammen: Ein Unterschied, eine Veränderung, setzt bei einem Menschen dann höchste Leistungsreserven frei, wenn er das „Soll" als persönlich angestrebten, selbst definierten Zustand erlebt. Je größer die Differenz zwischen „Ist" und „Soll" ist, desto höher ist die empfundene Herausforderung. Und natürlich: Je größer die Herausforderung ist, desto größer ist auch das Glücksgefühl im Falle der Erreichung des „Solls".

4.6. Vom Hoffnungsbild zum Handeln

Eine klare Vorstellung davon entwickelt zu haben, wie die Zukunft aussehen wird, genügt noch nicht. Aus dieser noch irrealen Welt muss der Übergang auf die Handlungsebene gelingen. Wir brauchen den Übergang von der Konzeption zur Aktion. Erich Kästner hat schon formuliert: „Es gibt nichts Gutes, außer man tut es!" Also es geht jetzt darum, das angestrebte Ziel durch Handlungen und neue Verhaltensweisen zu erreichen.

Wir müssen Umlernen, Dinge anders machen und neue Verhaltensmuster entwickeln.

Oft ist das „Umlernen" ungleich schwieriger als „neues Lernen", weil wir uns beim Umlernen bewusst von alten Mustern und erlernten Prozessen verabschieden müssen. Das kann deshalb schwer fallen, weil wir die neuen Prozesse mit den alten, die ja auch funktioniert haben, vergleichen.

Der Vergleich mit dem Alten stört also mehr, als dass er hilft, sich auf das Neue zu konzentrieren. Besonders bei motorischem Umlernen kann das ein Problem darstellen. Unter motorischem Umlernen wird ein Prozess verstanden, bei dem es zur überdauernden Veränderung von Teilen einer bereits gekonnten, perfektionierten Bewegungsfertigkeit kommt.

Solche Situationen sind z.B. im Sport immer dann gegeben, wenn es gilt, auf neue Sportgeräte oder neue Techniken umzustellen oder fehlerhafte angeeignete Bewegungsabläufe zu korrigieren.

Im alpinen Skisport war dies die Umstellung vom konventionellen Ski auf den Carving-Ski. Typisch für einen Veränderungsprozess ist, das Alte, die alte Technik zu vergessen und sich auf die neue Technik einzulassen und umzulernen. Hier liegt es auf der Hand, dass es umso schwerer fällt, die neue Technik zu erlernen, je besser man die alte Technik beherrscht und verinnerlicht hat. Ähnlich war es beim Skispringen mit der Umstellung von der Parallel- auf die V-Technik. Auch hier mussten die Sportler nicht nur umdenken, sondern neu lernen, gegen das Alte, tausend mal als die einzig richtige Technik gelernte, mental vorzugehen.

Aus der Literatur zur Bewegungs- und Trainingslehre wissen wir, wie motorisches Umlernen mit negativen Begleiterscheinungen einhergeht. Zeitweiliger Leistungsrückgang und hoher Übungsaufwand sind nicht zu vermeiden. Mental erleben die Sportler, dass es früher, mit der alten Technik, eigentlich viel besser lief und der Konzentrationsaufwand deutlich geringer war. Kurzum, das Neue ist eigentlich erst einmal eine Verschlechterung. Folglich gilt auch hier: Der Übergang vom Alten zum Neuen geschieht nicht von jetzt auf gleich, sondern benötigt viel Zeit!

Man kann aber Gewohnheiten - besser gesagt: den Bruch mit ihnen - nutzen, um diesen Effekt abzuschwächen. So gibt es Trainer von Eisschnellläufern, die ihre Sportler, wenn sie neue Schlittschuhe bekommen, in entgegengesetzter Richtung laufen lassen. Im Grunde genommen erleben die Sportler zwei Handicaps: Die Richtung stimmt nicht und die Schuhe sind nicht optimal. Das Erleben der falschen Richtung schwächt das Erleben der neuen Schuhe ab. Die Konzentration liegt nicht primär auf den Schuhen, sondern auf dem ungewohnten Laufen. Erst wenn die Schuhe „eingelaufen" sind, laufen sie wieder in die gewohnte Richtung.

Ein bewusst provoziertes Problem hilft folglich, vom eigentlichen Problem, den ungewohnten Schuhen, abzulenken.

Solche Beispiele gibt es aber natürlich nicht nur im Sport, sondern auch in unserem alltäglichen Leben und Erleben. Wird z.B. in einem Unternehmen auf ein neues IT-System umgestellt, realisieren viele erst dann, wie problemlos und gut das alte Programm gelaufen ist.

Noch auffälliger ist dies bei einem neuen Smartphone oder anderen technischen Geräten. Durch immer mehr Features und Funktionen erscheint das alte Gerät sehr viel einfacher und praktikabler. Wir erleben den Fortschritt als Rückschritt, weil wir Lernen und Umlernen müssen.

Was uns hier oft abschreckt ist nicht das Neue, auch nicht der Verlust des Alten, sondern vielmehr die Zeit des Übergangs, indem man das Alte nicht mehr hat und das Neue noch nicht so funktioniert, wie man es sich vorgestellt hat.

Schlussendlich geht es bei Krisenphasen um die aktive Gestaltung. Wir haben ein Hoffnungsbild, ein mehr oder weniger klares Bild, wie wir uns die Zukunft vorstellen. Dieses motivierende Hoffnungsbild können wir nur erreichen, wenn wir bereit sind, Verhaltensänderungen oder Änderungen unserer Gewohnheiten vorzunehmen. Wir müssen Lernen und Umlernen und aktiv neue Wege gehen. Es ist wie bei den Eisschnellläufern: Um Umzulernen muss man manchmal einfach (fast) alles anders machen und sich von eingefahrenen Wegen verabschieden!

Jeder Mensch verfügt über individuelle mentale Motivationsstrategien. Innere Bilder und Vorstellungswelten spielen dabei eine besondere Rolle. Häufig sind uns diese Strategien nicht bewusst und wir wundern uns manchmal, warum wir bestimmte Dinge tun. Innere Motivation entsteht im Kopf und die Art und Weise, wie unser Gehirn bestimmte Tätigkeiten oder Ziele repräsentiert, ist entscheidend dafür, ob wir uns zu etwas aufraffen können oder eben nicht. Je intensiver wir die inneren Bilder aber zulassen und steuern, desto stärker ist unsere Motivation zu handeln.

5   MEIN PLAN – MEIN HANDELN!

5.1.   Von Zielen, Möglichkeitsräumen, Visionen und Hoffnungsbildern

Was ist ein Ziel? Ein Ziel ist ein eindeutig definierter Zustand zu einem eindeutig definierten Zeitpunkt. Mit dem Begriff „Ziel" wird geradezu inflationär gearbeitet. Überall stößt man auf diesen Begriff. Ziele zu haben, Ziele zu definieren, Ziele anderer zu bewerten ist en vogue. Aber zurück zur Definition.

Ein Ziel ist erst dann ein Ziel, wenn es in den Dimensionen Zustand und Zeit eindeutig definiert ist. Das heißt, es ist ein fester Termin gesetzt, wann das Ziel erreicht ist und der zu erreichende Zustand ist so klar beschrieben, dass Missverständnisse nicht möglich und damit ausgeschlossen sind.

Die eigentliche Faszination von Zielen, ihr motivierender Charakter, kommt erst dann zum Tragen, wenn wir emotionale und sinnstiftende Ziele verfolgen. Visionen sind übergeordnete Wünsche, Bedürfnisse, Träume und Lebensziele, die erst im Laufe der Zeit konkreter und greifbarer werden.

Abb. 20 Von Träumen zur Handlung

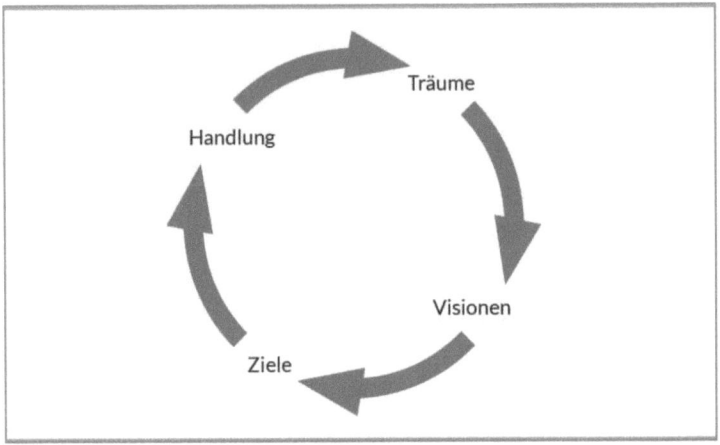

Aus unseren Träumen, Wünschen und Bedürfnissen entstehen Visionen – Hoffnungsbilder, die im Laufe der Zeit sich zu Möglichkeitsräumen und konkreten Zielen entwickeln.

Wir alle verfolgen bewusst oder unbewusst eine Vielzahl von Wünschen, Bedürfnissen und Zielen der unterschiedlichsten Art, die jedoch untereinander oft in direkter Abhängigkeit stehen. Wir haben gesundheitliche Ziele, ganz persönliche Ziele, die die eigene Persönlichkeitsentwicklung betreffen. Wir verfolgen berufliche Ziele und sollen die Ziele des Unternehmens erreichen. Wir definieren private und gesellschaftliche Ziele. Und auch diese gilt es zu erfüllen.

Das gesamte Zielkonstrukt gerät ins Wanken, wenn sich unsere Umwelt z.B. durch Krisen wie Corona oder andere Einflussfaktoren so verändern, dass ein Morgen so nicht mehr planbar ist. Es ist fraglich, ob sich unsere Welt so über Ziele abbilden lässt wie wir es lange Zeit geglaubt und getan haben. In Zeiten steigender Globalisierung und Komplexität brauchen wir Ziel- und Möglichkeitsräume, die mehr Raum für Veränderungen und Gestaltung zulassen.

Abb. 21 Ziele als Treiber

Bereits in Kapitel 4 haben wir über kraftvolle Zielbilder – Hoffnungsbilder gesprochen, mit denen wir Vorstellungen und innere Bilder der Zukunft entstehen lassen können. Erinnern Sie sich an die Kraft der Bilder des Leuchtturms, von Sonne, Strand und Meer, an das Segelschiff und Gipfelkreuz. Es geht nun darum, diese inneren Bilder Gestalt annehmen zu lassen. Haben Sie in diesem Kapitel ein Bild gemalt? Was brauchen Sie, um Ihre inneren Bilder zu konkretisieren. Wichtig für die Balance im Leben ist, für alle relevanten Lebensbereiche Vorstellungen für die eigenen Möglichkeiten zu entwickeln, die wir im nächsten Kapitel näher erläutern.

5.2.   Die Balance des Lebens

Das Wort „Balance" ist in unserem Sprachgebrauch sehr positiv belegt. Aber, was ist Balance? Im physikalischen Sinne ist Balance das Gleichgewicht von entgegenwirkenden Kräften. Im mentalen Sinne ist es die Ausgewogenheit. Spielt hier also Kraft keine Rolle mehr? Ist es also Ruhe? Stellt sich Balance von selbst ein?

Nein, Balance ist Bewegung und immer das Ausgleichen zwischen verschiedenen Kräften und Einflussfaktoren! Denken Sie an den Artisten auf dem Hochseil. Er ist ständig in Bewegung, manchmal mehr, manchmal weniger, geradezu unmerklich. Aber, er bewegt sich. Verweilt er in absoluter Ruhe, stürzt er vom Seil. Balance ist folglich niemals Stillstand, sondern immer Bewegung.

Mit der Lebensbalance ist das ebenso. Das Leben verläuft nicht geradlinig. Es unterliegt einem stetigen Wandel und ist geprägt von einem sich ändernden Umfeld, geänderten Rahmenbedingungen und vor allem in einer sich ständig ändernden Bewertung unseres Wertesystems. Das, was gestern war, ist heute nicht mehr so und es wird auch morgen wieder ganz anders sein.

EXKURS: Das Gleichgewicht verlieren
Ausgelöst durch die globalisierten Weltmärkte, durch die Digitalisierung, durch den Klimawandel und zuletzt durch die Corona-Krise und den Lockdown ist für viele von uns die Balance verloren gegangen.

Im privaten Umfeld hat sich z.B. geändert:
- Kinderbetreuung in Schule und/oder Kita
- Der Tagesablauf
- Das Einkaufen gehen
- Eltern/Großeltern besuchen
- Freunde treffen
- Sport machen
- Ins Kino gehen
- Essen gehen
- Urlaub, Reisen

Im beruflichen Umfeld hat sich z.B. geändert:

- Arbeitsroutine
- Andere Arbeitszeiten oder Überstunden
- Homeoffice mit Videokonferenzen
- Mangelnde Transparenz und Absprachen
- Fehlender Austausch mit Kollegen
- Hygienevorschriften
- Belastete Kollegen/Chefs
- Kurzarbeit oder Arbeitsplatzverlust

Wir müssen uns bewegen, Balance bedeutet nicht Gleichgewicht im physikalischen Sinn, sondern sie ist die Ausgewogenheit der unterschiedlichen Lebensbereiche. Diese Ausgewogenheit bestimmt die Zufriedenheit, die wir in unserem Leben erlangen.

Die vier Kernpunkte der Balance

Die Lebensbalance eines Menschen wird durch vier Schlüssel-
felder bestimmt.

Beruf und Finanzen

Dieser Bereich der Lebensbalance wird bestimmt durch den
Professionsbereich, also unseren Beruf, unsere Tätigkeit.
Faktoren wie Funktion, Leistung, Effizienz, Qualifikation,
Kompetenzen und Weiterbildung spielen hier eine Rolle.
Monetäre Faktoren sind Einkommen, Wohlstand, Vermögen etc.

Familie und Soziales

Hiermit ist das gesamte private Umfeld gemeint. Ehe- und
Lebenspartner, Familie und Kinder, Bekannte und Freunde und
das politische bzw. soziale Engagement eines Menschen.

Gesundheit und Fitness

Dieses Schlüsselfeld bildet den Gesundheits- und Fitnessstatus
ab. Ernährung, Vorsorge, sportliche Aktivitäten, Erholung,
Entspannung und Regeneration sind hier von Bedeutung.

Sinn und Kultur

Das vierte Feld beschäftigt sich mit den Lebenszielen und
Lebensvisionen, dem Wertesystem, der Religion und kulturellen
Einstellungen des Individuums

Abb. 22 Die 4 Elemente für die Lebensbalance

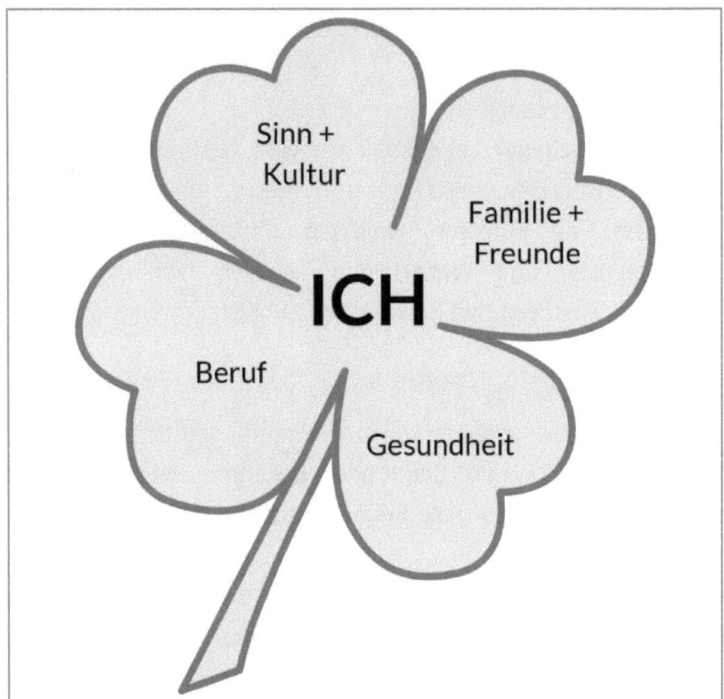

Diese vier Bereiche stellen die Lebensbereiche und damit einen bedeutenden Teil der Persönlichkeit eines Menschen dar. Sie beeinflussen, wie sich eine Person in bestimmten Situationen verhält und welche Ziele sie verfolgt. Gerade in Krisenzeiten geraten diese vier Bereiche aus der Balance. Wichtig ist hier wieder ein Gleichgewicht zu finden, oftmals in einer anderen Form als noch vor einer Krise.

Gefahren einseitiger Vernachlässigung

Das Ziel muss sein, eine verhältnismäßige Ausgeglichenheit aller vier Lebensbereiche über einen längeren Zeitraum zu erreichen. Ausgeglichen bedeutet hier nicht, eine verhältnismäßig gleiche Verteilung, sondern eine Verteilung entsprechend der persönlichen Prioritäten. Es kommt zwangsläufig zu Fehlentwicklungen und Unzufriedenheit, wenn wir einen für uns wichtigen Bereich – aus welchem Grunde auch immer – vernachlässigen und andere, von untergeordneter Priorität, überbetonen. Die Rechnung wird nicht immer sofort präsentiert, sondern häufig erst viel später und manchmal sogar zu spät.

Vernachlässigen wir zum Beispiel unseren Beruf, ist das Resultat nicht sofort spürbar. Es vollzieht sich schleichend. Erst bemerken unsere Kollegen und Führungskräfte, dass die Leistung, die Ergebnisse nicht mehr so sind, wie sie einmal waren. Es gibt die ersten Gespräche. Der Druck wächst, der Grad der Beobachtung steigt. Ändert sich nichts zum Positiven, folgen die nächsten Gespräche. So geht es auf der Spirale nach unten weiter. Das Ende heißt dann: Versetzung oder Kündigung.

Vernachlässigen wir die Familie, verbringen wir zu wenig Zeit mit ihr und haben wir zu wenig Zeit für gemeinsame Aktivitäten, ist auch das nicht sofort in vollem Ausmaß spürbar.

Es findet aber eine schleichende Entfernung und Entfremdung statt, in der man sich emotional immer weiter voneinander entfernt. Plötzlich stellt man dann fest: Wir haben gar keine Gemeinsamkeiten mehr!

Je früher wir diese Gefahren erkennen und auf eine ausgewogene Balance achten, desto eher können wir gegensteuern und das Gleichgewicht wieder herstellen. Das Tückische ist, dass wir teilweise den Verlust der Balance nicht sofort spüren, es verläuft – wie gesagt – schleichend und man kann sich sogar an einen Zustand des Ungleichgewichts gewöhnen. Gerät man plötzlich aus dem Gleichgewicht, wie in Zeiten der Corona-Krise, spürt man es sofort und ergreift Gegenmaßnahmen, um die Balance wieder herzustellen.

Vernachlässigung von ...	... führt auf Dauer zu
Beruf und Finanzen	• Schwierigkeiten mit Mitarbeitern oder Kunden • Kündigung/ Insolvenz • Finanzielle Schwierigkeiten • Selbstwertproblemen
Familie & Soziale Kontakte	• Partnerkonflikte oder gar Trennung • Enttäuschten Kinder/Verlust nicht nachholbare Zeit • Wenig Freunde – Verlust von Freunden • Einsamkeit
Gesundheit & Fitness	• Geringe Leistungskraft • schwache Belastbarkeit • körperliche Störungen/ Krankheit • Übergewicht/ Schlaffheit
Sinn & Kultur	• Orientierungslosigkeit/ Sinnkrise • Fehlender Halt bei schweren Problemen • Persönliche und geistige Stagnation

Selbststeuerung in der Krise

Wie bereits beschrieben sollten wir versuchen, unser Leben bewusst zu steuern. So zu steuern, wie ein Steuermann sein Schiff.

Der Steuermann analysiert sein Umfeld und reagiert auf Strömungen, das Wetter und die Kurse anderer Schiffe. Er richtet sein Schiff immer wieder neu aus und bringt es auf den vorbestimmten Kurs, um sein Ziel zu erreichen.

Der Steuermann lenkt sein Schiff aber nicht nur selbstbestimmt, sondern er wird auch fremdbestimmt – von seinem Kapitän, von Lotsen und so weiter. Und genau so ist das mit unserem Leben. Wir steuern soweit wir können, aber wir werden auch gesteuert. Hier kommt es darauf an, die Selbstbestimmung mit der Fremdbestimmung abzugleichen und immer wieder Kurskorrekturen vorzunehmen.

Eigen- und Fremdsteuerung

Selbststeuerung bedeutet Entscheidungen zu treffen und Verantwortung zu übernehmen. Wir haben immer die Wahlfreiheit. Aber diese Wahlfreiheit ist Fluch und Segen zugleich. Ein Segen ist es dann, wenn wir vorhersehen können, welche Konsequenzen sich aus einer bestimmten Entscheidung ergeben.

Schwierig wird es, wenn wir nicht absehen können, welche Folgen eine Entscheidung haben wird. Wie auch immer: Wir haben diese Entscheidung getroffen und müssen mit den Folgen leben.

Einfache Entscheidungen	Mittelschwere Entscheidungen	Schwere Entscheidungen
Es wird regnen – gehe ich spazieren? • Schirm aufspannen • Regen genießen	Auswählen und entscheiden zwischen • Auto • Urlaubsziel • Restaurants Weil hier ein bestimmter Wissenstand vorhanden ist	Stau auf der Autobahn – abfahren oder drauf bleiben? Andere typische Entscheidungen sind: • Partnerwahl • Berufswahl
Konsequenzen: klar absehbar	**Konsequenzen: mit hoher Wahrscheinlichkeit erkennbar**	**Konsequenzen: ist nicht absehbar und einschätzbar**

Je schwieriger eine Entscheidung ist, je weniger prognostizierbar ist, mit welchen Folgen zu rechnen ist, desto mehr neigen wir dazu, die Verantwortung zu verschieben oder zu verteilen. Sie kennen das vielleicht: Es steht eine Entscheidung an, die Tragweite ist nicht abzusehen, folglich fällt die Entscheidung schwer. Was tut man, man bindet andere ein, man überträgt Verantwortung.

Typisch ist z.B. folgende Frage: „Was hältst Du davon, wenn wir es so machen?" Die Folgen der Entscheidung – insbesondere im Falle eines negativen Ausganges – werden dann kollektiv getragen. Oder die Verantwortung wird komplett übertragen: „Ich habe Dich ja gefragt und Du hast gesagt, wir sollten es so machen!" Impliziert wird hier: Ich hätte es ja anders gemacht, aber Du wolltest es ja so. Klappt gut, ist aber unfair! Und vor allem – es ändert nichts!

Ver-antwort-en im Sinne der Eigenverantwortung und Eigensteuerung bedeutet auf folgende Fragen zu antworten:

Wollen	Will ich das tun?
Können	Kann ich das tun?
Müssen	Muss ich das tun?
Dürfen	Darf ich das tun?

Hat man diese Fragen jeweils positiv für sich beantwortet, liegt die Entscheidung und die Verantwortung bei einem selbst. Reflektieren Sie einmal, wie viele Entscheidungen, die Ihr Leben betreffen, ausschließlich von Ihnen gefällt und getragen werden. Diese Frage ist deshalb entscheidend, weil mit dem Grad des selbstverantwortlichen Handelns, also der Eigensteuerung, der Grad der Lebenszufriedenheit steigt. Sie sind nicht nur für Ihre Ziele verantwortlich, sondern auch für den Weg, wie Sie bestimmte Ziele erreichen.

Abb. 23 Der Weg vom Ist-Zustand zum Ziel

Im Umkehrschluss bedeutet das, je mehr ein Mensch fremd-
gesteuert ist, desto intensiver neigt er dazu, bei Problemen die
Verantwortung an diejenigen zurück zu geben, die für die
Entscheidung verantwortlich sind.

Die vier Kernelemente der Selbststeuerung

Gerade in Krisenzeiten ist es wichtig, die Selbststeuerung
wieder zu erlangen. Fremdsteuerung ist die Beeinflussung von
außen und verhindert das selbstverantwortliche Handeln.

Auch wenn es manchmal durchaus bequem sein kann, sich auf
eine Fremdsteuerung zurückzuziehen, wenn etwas nicht so
läuft, wie man es sich eigentlich gewünscht hat. Aussagen wie
folgende sind symptomatisch:

- „Ich hätte es ja anders gemacht, aber ....."
- „Wenn man mich nur gelassen hätte, dann ...."
- „Ich wollte das nicht, aber ...."
- „Dafür kann ich keine Verantwortung übernehmen,
  denn ...."

Im Grunde genommen gibt man durch solche oder ähnliche
Formulierungen zu, nicht selbst zu steuern, sondern gesteuert
zu werden. Wer gesteuert wird, braucht die Verantwortung für
das eigene Handeln nicht zu übernehmen. Eine wunderbare
Form der Verantwortungsverschiebung!

Diese Verantwortungsverschiebung mag durchaus entlastend wirken. Aber zufriedener wird man dadurch nicht! Man kann sich selbst entlasten, da das Ziel, das erreicht worden ist nicht das eigene ist, weil man halt auf den Weg „gesetzt" worden ist. Was bleibt, ist aber die Tatsache, dass man die eigenen Wünsche und Bedürfnisse nicht verfolgt hat. Passiert das häufig genug, ist die Frustration da.

Aus unserer Sicht besteht die tatsächliche Selbststeuerung, aus vier Kernelementen:

Selbstverantwortung
Selbstbewusstheit
Selbstvertrauen
Selbstüberwindung

Vielleicht neigen wir alle dazu, gerade in schwierigen Entscheidungssituationen weniger vom „ich" als vielmehr vom „wir" zu reden. Was passiert? Man zieht sich zurück auf Kollektiventscheidungen.

Selbstverantwortung und Selbststeuerung finden immer in der Ich-Form statt:

- Ich übernehme die Verantwortung!
- Ich bin mir bewusst!
- Ich vertraue!
- Ich überwinde mich!

> **Schauen wir uns die einzelnen Kernelemente etwas genauer an:**

Selbstverantwortung:
Selbstverantwortung bedeutet, klar und sicher Entscheidungen zu treffen. Die Schlüsselfragen, die eindeutig mit „Ja" oder „Nein" beantwortet werden, sind:

- Will ich das tun?
- Kann ich das tun?
- Muss ich das tun?
- Darf ich das tun?

Etwas ausführlicher betrachtet steht das „Wollen" für die eigene Motivation, den eigenen Antrieb, etwas tun zu wollen. Das „Können" beschäftigt sich mit den Ressourcen. Bin ich überhaupt in der Lage, etwas zu tun. Das „Müssen" wird in höchstem Maße beeinflusst durch einen Handlungsdruck, der entweder von außen oder aus sich selbst heraus entsteht. Das „Dürfen" richtet sich nach Grenzen. Gegen welche moralischen, ethischen oder legalen Grenzen verstoße ich, wenn ich etwas tue.

Habe ich mich entschieden, habe ich meine Entscheidungsfreiheit wahrgenommen, liegt die Verantwortung für das, was passiert, ausschließlich bei mir.

Selbstbewusstheit:

Sich selbst bewusst zu sein, bedeutet nicht nur, Klarheit über die eigenen Ziele, Bedürfnisse und Wünsche zu haben, sondern auch, die eigenen Rollen zu kennen, zu definieren und sie auszufüllen. Weiterhin geht es um die Erwartungen – diejenigen, die ich an mich selbst stelle, aber auch die, die resultierend aus meinen Rollen, andere an mich stellen.

Die eigenen Ziele, die Rollen und die Erwartungen dienen letztendlich dem Lebensziel, dem Sinn und Wert des eigenen Lebens. Insofern ist die Selbstbewusstheit auch die Lebensbewusstheit – ich bin mir über den Sinn meines Lebens bewusst. Der Umgang mit den eigenen Stärken und Schwächen, der Umgang mit Erfolgen und Misserfolgen, der Umgang mit Krisensituationen und der Umgang mit den eigenen Emotionen – positiv als auch negativ – schärfen das Bewusstsein für die eigenen Lebenssituation.

Selbstvertrauen:

Vertraue ich mir? Das, was ich tun möchte, muss ich mir zutrauen können. Ich muss an mich, meine Fähigkeiten und meine Leistungsfähigkeit glauben. Das bedingt, dass die Ziele, Visionen und inneren Bilder, die ich verfolge, realistisch sind. Nur über ein ausreichendes Maß an Selbstvertrauen bin ich in der Lage, Vereinbarungen mit mir selbst einzugehen und fest an ihre Umsetzung zu glauben.

Aus diesem Selbstvertrauen, dem Ausschluss von Selbstzweifeln, entsteht die Freude, etwas wirklich tun zu wollen.

Selbstüberwindung:

Der innere Schweinehund ist der Störenfried und Bremser der Selbststeuerung. Er sorgt manchmal dafür, Dinge nicht zu tun, weil wir Mut, Risikobereitschaft und Energie aufwenden müssten. Es ist erst einmal viel einfacher, nichts zu tun. Also obsiegt der Schweinehund!

Wir müssen bereit sein und ausreichend Selbstdisziplin aufbringen, auch an (Schmerz-)Grenzen heranzugehen und Grenzen zu überwinden. Dann können wir mit Zuversicht in eine weitgehend selbstgestaltete Zukunft blicken.

Störungen bei der Selbststeuerung

Beschäftigt man sich mit den positiv geladenen Elementen der Selbststeuerung, so sollte man sich ebenso damit beschäftigen, was Selbststeuerung unter Umständen nachhaltig verhindern und blockieren kann.

Mangelndes Selbstvertrauen: Klar, glaube ich nicht an mich, traue ich mir etwas nicht zu, dann werde ich es mit ziemlicher Sicherheit auch nicht schaffen. Glaube ich auch noch fest genug daran, dass ich es wirklich nicht schaffen werde, entsteht eine „Self-Fulfilling-Prophecy".

Es ist schon manchmal ein aberwitziges Phänomen: Es gibt Menschen, die wollen etwas Bestimmtes erreichen. Sie zweifeln aus unterschiedlichen Gründen an sich selbst und ihren Fähigkeiten. Sie beginnen, an diesem Ziel zu arbeiten, sagen sich jedoch innerlich: Das schaffe ich sowieso nicht!

Auf dem Weg der Zielerreichung treten dann selbst-verständlich Schwierigkeiten auf. Wie ist nun die Reaktion? Genau: „Ich wusste doch, dass das nicht möglich ist!" Was ist das Phänomenale daran? Die Freude über die Bestätigung dafür, dass man ja vorher schon gewusst hat, dass das Ziel nicht zu erreichen ist, ist größer als die Trauer und Enttäuschung darüber, dass das Ziel nicht erreicht worden ist.

Mangelnde Selbstdisziplin hemmt ungemein. Natürlich, ich kann mir vieles vornehmen. Aber zugegebenermaßen muss man sich manchmal dazu zwingen, es dann auch tatsächlich zu tun. Es gibt Dinge, die tut man gerne. Da ist fehlende Selbstdisziplin meist nicht das Problem. Es gibt aber auch Dinge, Aufgaben und Ziele, die getan und erreicht werden müssen, auch wenn man es emotional eigentlich nicht so gerne mag. Hier stößt dann die fehlende Selbstdisziplin auf fruchtbaren Boden – hier ist sie herzlich willkommen!

Verantwortungsverschiebung, eine weitere mögliche Störung bei der Selbststeuerung. Die Verantwortungsverschiebung kann auf unterschiedliche Arten stattfinden. Ein besonders eindrucksvolles Beispiel ist das berühmte „Hotel Mama". Man ist zufrieden, weil man sich um nichts kümmern muss, für nichts verantwortlich ist, aber über alles und alle meckern darf! Gehen Sie ein paar Zeilen zurück: Hier wird nicht aktiv gehandelt, sondern man wird behandelt! Das aber freiwillig und meistens werden die Behandelten sehr gut behandelt!

Es kommt aber auch vor, dass Verantwortung gegen den Willen des Betroffenen entzogen wird. Die härteste Form dieser Verantwortungsverschiebung ist die Entmündigung.

Die Folge dieses bewussten oder unbewussten Verantwortungsentzugs ist immer die gleiche. Entziehe ich jemandem Verantwortung, verschiebe ich die Verantwortung auf jemand anderen oder mich selbst, wird er in der Folge auch nicht bereit sein, die Verantwortung für das Ergebnis zu übernehmen. Bei auftretenden Problemen wird nicht selbstständig gehandelt, sondern eine Lösung wird bei demjenigen eingefordert, der die Verantwortung entzogen hat.

Es leuchtet ein, dass sich durch die fehlende Identifikation und Selbststeuerung Spaß und Zufriedenheit nicht entwickeln können. Ganz im Gegenteil: Hohe Frustration ist die Folge!

6   TROTZ KRISE ZUFRIEDEN SEIN!

Zufriedenheit und Krise – ein Widerspruch? Deutschland, Österreich und die gesamte Welt sind durch die Corona-Pandemie in einer Krise.

Interessant ist, wie unterschiedlich wir diese Krise wahrgenommen haben. Für die einen ist es ein gravierender Einschnitt in alle Lebensbereiche - von der Kinderbetreuung zu Hause bis hin zur Kurzarbeit. Für die anderen war es eine Einschränkung des privaten Lebens, die als nicht so gravierend erlebt wurden. Selbst die Erkrankung Covid 19 hat diese sehr unterschiedliche Ausprägung – von wenigen oder gar keinen Krankheitssymptomen bis hin zur Intensivstation mit Überlebenskampf.

Die gesellschaftlichen und wirtschaftlichen Spätfolgen sind zum jetzigen Zeitpunkt – August 2020 – ungewiss und wenig prognostizierbar. Die heutige Zeit ist geprägt von Unsicherheit, Ungewissheit und den unterschiedlichsten Krisenszenarien.

Neben all den pessimistischen Prognosen gibt es auch Menschen, die dieser Krise etwas durchaus Positives abgewinnen können. Sie sagen, dass es durch diese geänderte Situation zu einer Neubewertung von Werten und Normen kommen wird.

Es wird vielleicht der Abschied vom unbegrenzten Wachstum und führt uns hoffentlich zu einer Überprüfung von gesellschaftlichem und wirtschaftlichem Streben. Der Umgang mit unserer Umwelt, Ressourcenverbrauch, das Konsumverhalten, globalisierten Wirtschaftsmärkten mit Ausbeutung rückt stärker in den Fokus.

Bei der Bewältigung der Corona-Krise erleben wir bereits heute eine gravierenden Werteverschiebung. Das, was bis vor kurzem höchste Priorität hatte, verliert vollkommen seine Wichtigkeit und das, was bis dato eine Selbstverständlichkeit war, bekommt eine enorme Bedeutung:
Es wäre zu hoffen, dass all das, was passiert ist oder noch passieren wird, uns alle dazu bringt, wieder reflektierter und achtsamer mit allen Lebensbereichen umzugehen.

6.1.   Der Perspektivenwechsel

Der Perspektivenwechsel ist in Krisenzeiten eine Möglichkeit, die eigene Situation aus unterschiedlichen Blickwinkeln zu betrachten.

Es ist geradezu menschlich, der eigenen Situation ein besonderes Gewicht, einen besonders hohen Stellenwert zu geben. Probleme sind niemals objektiv, sondern immer subjektiv bewertet von der Person, die es betrifft.

Trotz aller gravierendenden negativen Auswirkungen der Corona-Krise gibt es auch viele Chancen und neue Perspektiven.

„Zum Beispiel: [6]

- die Erfahrung von Solidarität, Hilfsbereitschaft, Rücksichtnahme und Zusammenhalt,
- ein neues Vertrauen in unser Gesundheitssystem, die Wissenschaft und die Politik,
- Starke Veränderungen in der Arbeitswelt: Homeoffice und Online-Konferenzen, dynamische Arbeitsweisen und zahlreiche Innovationen,
- eine neue Wertschätzung für bisher unterbezahlte, aber tragende Berufe, wie Pfleger, Krankenhauspersonal, Verkaufspersonal an der Supermarktkasse und ausländische Billiglohnarbeiter in der Landwirtschaft usw.,
- die Zunahme von Demut und bewusster Wertschätzung von bisher Selbstverständlichem,
- die Gelegenheit innezuhalten, Atem zu holen, zu sich zu kommen und zu verschnaufen,
- die Möglichkeit, Altes loszulassen und sich neu zu orientieren,
- und ja, generell die Chance zum Change auf vielen Ebenen."

Ein Perspektivenwechsel kann helfen, die eigenen Probleme, die z.B. durch geänderte Rahmenbedingungen entstanden sind, zu objektivieren. Hier geht es nicht um Schönfärberei oder den Blick durch die rosa Brille, sondern es geht darum, die aktuelle geänderte Situation zu neutralisieren. Hier stellt sich die Frage, was ist trotz der Krise alles positiv und wertvoll? Das Homeoffice hat viele Aspekte – keine langen Staus mehr, weniger Konferenzen, Fokussierung auf die wirklich wichtigen Dinge. Bei der Kinderbetreuung und dem Homeschooling ist neben dem täglichen Stress auch die Nähe und die vielen Stunden des Beisammenseins eine wertvolle gemeinsame Familienzeit.

Ein Letztes noch zum Perspektivenwechsel, was nichts unmittelbar mit der Krise zu tun hat. Niemandem wird es gelingen, in allem erfolgreich zu sein. Jeder hat seine Baustellen, sei es beruflich oder privat, wo nicht immer alles gelingt. Wichtig ist dann, die Perspektive auf das zu lenken, wo Erfolge möglich, wahrscheinlich oder schon eingetreten sind - das heißt nicht, Misserfolge auszublenden oder gar ungeschehen zu machen: Es ist aber möglich, sich eine Kompensationsebene zu schaffen, die Misserfolge abpuffert und ihnen die übermächtige negative Energie nimmt.

Es wird sie immer geben, die Sonnenseite und die Schattenseite des Lebens. Sonnenseite ist gut, Schattenseite ist schlecht. So lautet unser übliches Denkmodell. Manchmal muss man aber auch umbewerten. An einem heißen Sommertag ist es auch mal ganz schön im Schatten zu sitzen. Es kommt halt auf die Perspektive an!

6.2.   Rituale als Helfer im Alltag

Unser Leben ist bestimmt von Ritualen. Bei dem einen mehr, bei dem anderen weniger. Rituale (ritualis, lat. = den Ritus betreffend) sind nach vorgegebenen Regeln ablaufende Handlungen mit hohem Symbolgehalt. Unser Tagesablauf beginnt mit Ritualen und endet damit. Oft sind wir uns dieser Rituale gar nicht bewusst – es ist so und wird immer so sein!

Diese Rituale geben unserem Leben eine Struktur und Halt. Gerade die täglichen Rituale sind es, die uns ohne großes Nachdenken durch den Tag begleiten. Es ist der morgendliche Kaffee, die Zeitung, die wir täglich lesen. Im Beruf sind es die regelmäßigen Abläufe, Kaffeepause, die Mittagspause und das rituelle Aufräumen des Schreibtisches oder Arbeitsplatzes vor Feierabend. Abends ist es dann die Tagesschau, das Gläschen Wein oder das Zelebrieren eines guten Tees.

Die Corona-Krise hat unseren täglichen Ablauf, unsere Routine und Rituale völlig durcheinander gebracht. Der morgendliche Ablauf mit und ohne Kinder hat sich geändert, Arbeitsweg und Arbeitsplatz und all die damit verbundenen oben beschriebenen Rituale waren auf einmal weg. Auch andere Rituale, die nicht den Tagesablauf strukturiert haben, sind weggefallen.

Runde Geburtstagsfeiern und Hochzeiten konnten nicht mehr gefeiert werden, Beerdigungen konnten nur noch in ganz kleinem Rahmen stattfinden, Abiturabschlüsse mit den damit verbundenen Abschlussritualen konnten nicht stattfinden und vieles mehr.

All diese Alltagsrituale haben für unsere innere Stabilität eine große Bedeutsamkeit, da sie uns Ordnung, Struktur und Halt geben.

Neben den Alltagsritualen gibt es Lebensrituale, z.B. Geburt, Einschulung, Schulabschlüsse, Konfirmation/Kommunion, Junggesellenabschied, Hochzeit, Jubiläen, Beerdigung etc.

Lebensrituale dienen dazu, Lebensabschnitte zu würdigen oder zu zelebrieren. Sie erinnern uns daran, was gewesen ist und was kommen wird, und sie helfen uns, unser Leben in Lebensabschnitte zu unterteilen. Sie können prospektiv sein (Einstandsfeiern) oder retrospektiv (Abschiedsfeiern) oder regelmäßiger Art sein (Weihnachten).

Auch in Religionen spielen Rituale eine zentrale Rolle. Sie sind für viele Menschen eine wichtige Stütze ihres Lebens – und während der Corona-Zeit waren Kirchenbesuche nicht möglich.

 Rituale sind wichtige und wertvolle Helfer in Krisenphasen!

Wir möchten Sie nun einladen, sich einmal Gedanken über die Rituale zu machen, die Sie in Ihrem Leben begleiten. Unterscheiden Sie diese in Rituale, die förderlich sind und die Energie bringen und in diejenigen, die Energie kosten und die Sie eigentlich nicht mögen.

Gerade bei den negativ-geladenen Ritualen können Sie überlegen, ob sie die Rituale weiter führen möchten oder ob es Möglichkeiten gibt, sie abzustellen.

- Welche Rituale haben Sie in Ihrem Leben kennen gelernt?
- Welche Rituale werden und wurden in Ihrer Familie gepflegt?
- Welche Rituale haben Sie an Ihrem Arbeitsplatz kennen gelernt?
- Welche Rituale begleiten Sie durch den Tag? (Aufstehen, Tagesablauf, Pausen, Abendgestaltung etc.)
- Welche Rituale sind durch die Corona-Krise weggefallen und welche sind neu entstanden und immer noch sehr wertvoll?

Wie bereits skizziert, können Rituale in Krisenphasen und Zeiten der Veränderung hilfreiche Begleiter sein. Besonders herausstellen möchten wir Rituale für

- Die Würdigung des Alten
- Das Alte mitnehmen
- Die Trennung vom Alten
- Das Verankern der Hoffnungsbilder
- Die Gestaltung des Prozessabschlusses

Abb. 24 Die Erfolgsfaktoren von Krisenbewältigung

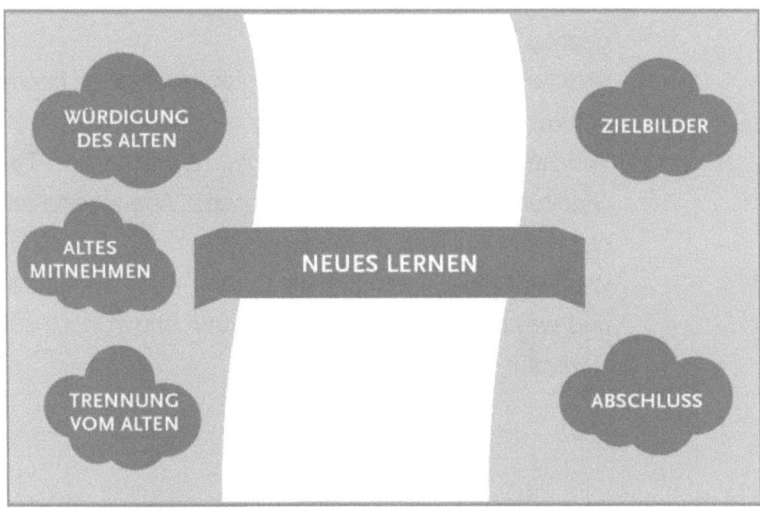

7 ALLES WIRD GUT! JEDES ENDE WIRD EIN NEUER ANFANG!

Alles wird gut! Was für ein Abschluss! Besser gesagt, wir hoffen, alles wird gut. Können Sie sich erinnern? Das haben wir zu Beginn geschrieben:

Ist die Krise Gefahr und Chance zugleich? Im Chinesischen bedeutet das Zeichen für Krise zugleich „Chance".

Auch in der griechischen Sprache gibt es etwas ähnliches. Das griechische „krisis" bezeichnet nicht einfach eine hoffnungslose Situation, sondern den Höhe- und Wendepunkt einer gefährlichen Lage. Von da an kann es eigentlich nur noch besser werden.

Gut aus einer Krise heraus zu kommen, fällt einem nicht so einfach in den Schoß. Um Stabilität zu erlangen, muss man viel tun. Oder auch viel lassen! Auf jeden Fall muss man mit sich, seinen Bedürfnissen und Erwartungen im Reinen sein.

Über eines haben wir noch nichts geschrieben: Das Lachen!

Charlie Chaplin hat sich geradezu berufsbedingt mit diesem angeborenen Ausdrucksverhalten des Menschen ausein-andergesetzt.

 „Ein Tag ohne Lachen ist ein verlorener Tag"

„Und natürlich hat Chaplin recht! Lachen ist gesund, Lachen macht schön, Lachen steckt an und Lachen brauchen wir nicht zu lernen. Lachen macht zufrieden!

Wir freuen uns, wenn wir Ihnen Anregungen und Inspirationen für die Reise in die Zukunft geben konnten.

PERSÖNLICHE NOTIZEN

PERSÖNLICHE NOTIZEN

ABBILDUNGSVERZEICHNIS

LITERATURVERZEICHNIS

- Braun, Walter, Müller, Günter F.: Praxisfeld Selbstführung, Bern 2009
- Gatterer, Harry: Ich mach mir die Welt, Wien 2020
- Haas, Gabriele, Strackbein, Rita, Strackbein, Dirk: Zufriedenheit ist machbar, Berlin 2009
- Haas, Gabriele, Strackbein, Rita, Strackbein, Dirk: Veränderungen aktiv gestalten, Berlin 2010
- Harari, Yuval Noah: Eine kurze Geschichte der Menschheit, München 2015
- Hofmann, Recknagel, Reisert, Michel: Stress-Kompass, Bonn 2015
- Horx, Matthias: Die Zukunft nach Corona, Berlin 2020 – *Fußnote 1, S 15*
- Hüther, Gerald: Die Macht der inneren Bilder, Göttingen 2006
- Klare, Jean, van Swaaij, Louise: Atlas der Erlebniswelten, Frankfurt 2000
- Kruse, Peter: next practice – Erfolgreiches Management von Instabilität: Offenbach 2004
- Nitschke, Petra: Lebensbereich balancieren, Bonn 2016
- Nohl, Martina, Egger, Anna: Micro-Inputs Veränderungscoaching, Bonn 2016
- Schlieper-Damrich, Ralf: Wertecoaching in Krisen, Bonn 2011 – *Fußnote 2+3 – S 89 + 97*
- Schmid, Bernd: Systemisches Coaching, Bergisch Gladbach 2004
- Schmid, Bernd: Systemische Personal-, Organisations- und Kulturentwicklung, Bergisch Gladbach 2005

- Schmidt, Gunther: Liebesaffären zwischen Problem und Lösung, Heidelberg 2007
- Schmidt, Gunther, Dollinger, Anna, Müller-Kalthoff, Björn: Gut beraten in der Krise, Bonn 2010 – *Fußnote 4+5 -S 22*
- Storch, Maja: Machen Sie doch was Sie wollen, Zürich 2010
- Storch, Maja, Kuhl, Julius: Die Kraft aus dem Selbst, Bern 2012
- Von Münchhausen, Marco: Der kleine Krisenguide, Offenbach 2020 – *Fußnote 6 – S17*
- Vössing, Heidrun: Die Kraft der inneren Bilder, Paderborn 2007

DIE AUTORINNEN

Gabriele Haas

Sie absolvierte das Studium der Betriebswirtschaft mit den Schwerpunkten Marketing, Organisations- und Personalentwicklung. Gabriele Haas sammelte Erfahrungen als Führungskraft in Industrie, Handel und einem Verlagshaus. Seit 2001 ist sie als Beraterin, Coach und Trainerin tätig mit den Schwerpunkten Führung, Coaching, Gestaltung von Veränderungs- und Strategieprozessen, Konfliktmoderation, Resilienz, Beratung und Begleitung in Krisenzeiten.

Ihr Motto: „Wo ein Wille, ist auch ein Weg!"

Kontakt: haas@diskurs-haas.at

Rita Strackbein

Sie arbeitete nach dem Studium der Wirtschaftswissenschaften mit dem Schwerpunkt der Personal- und Organisationsentwicklung als Trainerin für ein Schweizer Trainingsinstitut, bevor sie sich 1993 als Beraterin und Trainerin selbstständig machte. Ihre Beratungs- und Coachings-Kompetenz hat sie in den Bereichen Führung, Coaching, Prozess- und Strategiebegleitung, Konfliktmediation, Beratung und Begleitung in Krisenzeiten.

Durch langjährige Fortbildungen am Institut für systemische Beratung in Wiesloch und am Meihei-Institut in Heidelberg arbeiten die Autorinnen nach systemischen Grundsätzen.

Ihr Motto: „Love it, change it or leave it!"

Kontakt: rita.strackbein@diskurs.net